재취업의 성공과 비공개 채용시장 재취업 가이드 🔍

퇴사하고 싶을 때 읽는
이직과 전직의 모든 것

서문

우리 사회의 급속한 변화의 하나는 인구 변화입니다. 그 변화는 고령화 사회를 시작으로 고령사회를 지나 초고령 사회(통계청 2026년 예상)로 진입을 앞두고 있습니다. 또한 사회 구조의 변화는 커리어(Career) 변화를 불러오게 되면서 인생 플랜에서도 전략적 준비가 필요하게 되었습니다. 특히 인생 여정에 퇴직과 은퇴라는 중간의 기착지가 발생하였습니다. 그 결과 막연한 퇴직 후의 삶은 구체적이며 실천 가능하도록 설계해서 준비해야 한다는 필요성을 인식하게 되었습니다.

고령사회에 접어든 우리사회는 고령인구의 활용에 따라 국가의 지속적인 발전과 생존이 직결되어 있습니다. 또한 우리 사회의 화두가 100세 시대를 맞이하면서 평생 직장에서 평생 직업을 넘어 평생 현역의 개념으로 인식되고 있습니다. 그 결과 급변하는 장수사회에 적응하고 생존하기 위해서는 재교육에 의한 평생 직업 그리고 직업 가치의 재평가를 통한 평생 현역의 실천이 그 어느 때보다 중요한 시기입니다.

고용노동부에서는 전직 지원을 제도적으로 뒷받침하기 위해 2019년 4월 국회 본회의에서 『고용 정책 기본법』『고용상 연령차별 금지 및 고령자 고용 촉진에 관한 법률(이하 고령자 고용법)』 등 3개 법률안을 의결하였습니다. 2020년 5월 1일부터 1,000명 이상 근로자를 고용한 기업은 1년 이상 재직한 50세 이상 근로자가 비자발적 사유(예: 정년, 희망 퇴직 등)로 이직하는 경우 이익일 직전 3년 이내에 진로 상담, 진로 설계, 직업 훈련, 취업 달성 등 전직지원 서비스 의무화 제도를 제공해야 한다고 발표했습니다.

전직지원 서비스는 많은 퇴직자들에게 높은 관심과 적극적인 호응으로 극적인 결과를 이루었지만 일부 퇴직자들의 무관심한 태도로 실망스러운 결과를 가져온 것도 부인할 수는 없습니다. 그렇지만 역사의 발전은 굴곡진 시간과 성찰의 모습으로 이루어져 왔듯이 퇴직자를 위한 전직 지원 분야 역시 좋은 결과에 대한 계승과 미진한 부분에 대한 개선으로 지속해서 발전을 해왔습니다.

본서는 전직지원서비스에 대해 제도적인 사각지대에 놓여 있어 혜택을 받지 못하거나 퇴직 후 진로 지원 또는 진로 정보가 부족한 퇴직자에게 올바른 취업 정보를 제공하는 데 그 목적이 있습니다. 더불어 사명감을 갖고 직업 상담 현장을 이끌어 주고 있는 직업 상담사 선생님들에게도 상담에 대한 필요 정보를 포함하고 있습니다. 또한 창작물이 아닌 정보 제공의 역할을 충실하게 하기 위해 다양한 자료를 수집하여 제공하고 있습니다.

끝으로 출판을 위해 아낌없이 지원해준 이종구 대표님에게 깊은 감사를 드리며 디자인에 정성을 다해준 김인란 본부장님에게도 감사함을 드립니다. 지면을 통해 옮기지 못한 부분에 대해서는 지속적인 보완의 노력으로 이어 나갈 것이며 독자 여러분들의 많은 충언과 응원을 기대해 봅니다.

편저자 **이선협**

목 차

)1   1강 퇴직 준비

1. 퇴직 전 준비사항 4가지 포인트   08
2. 퇴직 후 현실점검 5가지 포인트   17

)2   2강 계획수립

1. 퇴직자를 위한 전직 지원 가이드   26
2. 전직 지원 프로그램   29
3. 전직 지원 프로그램 사례   31

)3   3강 변화관리

1. 퇴직으로 인한 변화 관리   34
   1) 변화에 대한 인식   34
   2) 퇴직 후 현실 인식   34
   3) 장수사회의 리스크   35
   4) 생애 설계 6대 영역 점검   40

2. 시간 관리와 스트레스 관리   72
   1) 시간관리   72
   2) 스트레스 관리   75

3. 자기 이해와 직업 탐색   84
   1) 조하리 창   84
   2) 성격검사(MBTI, 에니어그램)   86
   3) 에니어그램   91
   4) 성인용 직업 적성 검사   98
   5) 직업 선호도 검사(홀랜드)   100

04

4강 목표설정

1. SMART한 목표 설정   112
  1) 창업 형태에 따른 분류   112
  2) 창업 단계별 내용   112
  3) 전직 지원 목표   113
  4) 재취업을 위한 진입 유형   113
  5) 목표 실현을 위한 모델   114
  6) 재취업을 위한 고려 사항   114
  7) 퇴직자를 위한 성공취업 5계명   115
  8) 중장년에게 유리한 신직업·미래직업   117

2. 직업정보 탐색하기   120
  1) 직업정보 역량 개발   120
  2) 직업훈련 정보 수집   121
  3) 자격증의 이해와 종류   123
  4) 기업정보 탐색하기   126

3. 고용시장 이해하기   129
  1) 고용환경 이해   129
  2) 산업분류   131
  3) 기업분석   136
  4) 직무분석   139
  5) 정부기관·지방자치단체·민간 기업 사이트   145

목차

05

5강   실행 전략

1. 공개 채용시장   154
1) 이력서 유형   154
2) 이력서 체크리스트   155
3) 이력서 작성방법   156
4) 자기소개서 작성방법   158
5) 자기소개서 사례   161
6) 면접 전략   162

2. 비공개 채용시장   166
1) 비공개 채용시장 접근 방식   166
2) 비공개 채용시장 컨설팅   167
3) 헤드헌터(Headhunter)   168
4) 네트워크 활용   170

06

6강   전직 성공

1. 전직 성공에 대한 기본적 점검   172
2. 중소기업의 특성   173
3. 의사소통 능력   174
4. 대인관계 능력   179

07

7강   활용양식

진단 활용 도구   184

08

8강   부록

• 대한민국 산업 지도(2023)   204
• 구직급여 수급 중 유의 사항 Q & A   214

참고문헌   228

1강_**퇴직 준비**

1 퇴직 전 준비사항 4가지 포인트

2 퇴직 후 현실 점검 5가지 포인트

01 퇴직 전 준비사항 4가지 포인트 ★

퇴직예정자는 퇴사 전 반드시 점검해야 할 행정적인 점검 사항이 있다. 예를 들어 퇴직 전에는 회사의 E-메일은 물론 인사 기록 카드나 경력 자산 정리, 인맥 네트워크 정리, 퇴직금 정산 계획 등이다. 오랜 시간 살아오면서 막상 퇴직이 결정되면 현실적이든 심리적이든 마음의 동요나 불안감은 피할 수가 없을 것이다. 특히 변화될 나의 일상에 대한 대비를 위해 준비해야 할 4가지를 정리하도록 한다.

<그림 1-1>

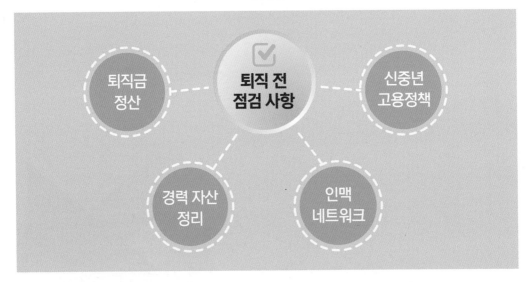

❶ 퇴직금 정산

퇴직 전 살펴봐야 할 부분은 퇴직금 정산 부분이다. 퇴직금은 근로자가 상당 기간을 근속하고 퇴직하는 경우 근로관계의 종료를 사유로 지급 기준은 계속된 근로 시간 1년에 대하여 30일분 이상의 평균임금을 퇴직하는 근로자에게 지급하는 것을 말한다. 평균임금 산정 기간은 '퇴직 전 3개월'로 규정되어 있다.

(1) 퇴직금 산정 방법

퇴직금 = 1일 평균임금 × 30(일) × (근속연수+1년 미만 기간의 일수/365)

예) 회사에 적성이 맞지 않아 1년 6개월 20일 근무하고 회사를 퇴직하였다.(1일 평균 임금이 8만원 경우80,000원 × 30일 × [1 + (6/12) + (20/365)] = 3,731,507원

(2) 퇴직급여제도

퇴직급여 종류	퇴직금제도	퇴직연금제도
	계속 근로기간 × 30일분 평균임금 이상	- 확정급여형 퇴직연금제도 - 확정기여형 퇴직연금제도
	퇴직금 사내 적립 후 지급 퇴직금 체불 우려	퇴직금 사외 적립 후 지급 퇴직금 수급권 보장

(3) 퇴직연금 수급요건

	내 용
연금	- 수급 요건 : 55세 이상으로서 가입 기간이 10년 이상인 가입자에게 지급 - 지급 기간 : 연금의 지급 기간은 5년 이상이어야 함
일시금	- 연금 수급 요건을 갖추지 못한 가입자에게 지급 - 일시금 수급을 원하는 가입자에게 지급

퇴직금 수령 방법	
IRP 통장 수령	**급여통장 수령**
퇴직 소득세 미차감 ➡ 세전 기준으로 지급 　 예금인출 시 퇴직소득세 30~40% 할인 ➡ 연금액(인출 금액)은 개인의 상황에 따라 　 목돈 인출도 가능합니다 ➡ 퇴직금의 일시금 인출 시에는 　 퇴직 소득세가 과세합니다 ➡ 구체 사항은 관련 금융기관에 　 문의하시기를 바랍니다	퇴직 소득세 할인 없음 ➡ 일시금 수령만 가능

출처: 퇴직연금 수급요건(금융감독원)

02 계획수립

03 변화관리

04 목표설정

05 실행 전략

06 적적 성과

07 활용양서

08 부록

(4) 퇴직금 관리계획

금융감독원은 개인연금 정보의 분산으로 가입 기관에 방문하는 번거로움을 해소하기 위해 통합연금 포탈을 이용할 수 있다.(통합연금 포탈: https://www.fss.or.kr)

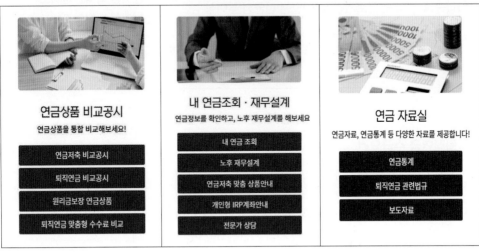

출처: 금융감독원 통합연금 포털

(5) 연금 설계 순서(연말 퇴직자인 경우)

정년퇴직(시기: 12월 말)
- 퇴직 후 단기 / 중기 / 장기로 자금 운용 계획 수립
- 여행 및 여가 활동 등 노후 자금 운용 계획에 따라 자산 재조정 및 연금 실행

건강보험 점검(시기: 1월 말)
- 건강보험료 부담이 높아질 경우 임의 계속 가입자 신청(36개월 동안 유지 가능)
- 자녀의 피부양자로 등록하는 것을 고려(건강보험관리 공단 상담 필요)

실업급여 수령(퇴직 후 최대 270일 / 시기: 1월 말)
- 정년 퇴직자의 경우 퇴직 후 2개월 내 실업급여를 수령하여 단기 생활비로 운용
  (고용보험 가입과 동영상 시청 후 고용센터 방문하여 실업급여 신청)

퇴직연금 / 개인연금 수령 기간 결정(시기: 2월 초)
- 퇴직연금과 개인연금을 합산하여 연금수령 기간 및 희망 연금액을 설정
- 희망하는 연금액으로 최대 수령 가능 기간을 고려하여 연금수령 신청

01 퇴직 준비

02 계획수립

03 변화관리

04 목표설정

05 실행 전략

06 전직 성공

07 활용양식

08 부록

국민연금 수령시기 결정(수령 시기 탄력적으로 조정 / 시기: 생일 후)
• 실업급여 및 개인 / 퇴직 연금액을 고려하여 국민연금을 언제 수령할 것인지?
  연기 수령할 것인지? 선택

주택연금 활용 결정(시기: 개인/퇴직연금 소진 후)
• 부부 중 한 명이 사망한 경우에도 연금액 감액 없이 100% 동일 금액 지급
• 부부 모두 사망 후 주택을 처분해서 정산 시 연금 수령액에 비해 집값이 남으면 상속

출처: 현대차증권 정년퇴직자를 위한 은퇴 설계 가이드

 퇴직소득세 이용 방법: 국세청 홈페이지(https://www.nts.go.kr) ➡ 국세 정책/제도 ➡ 통합 자료실 ➡ 국세청 프로그램 ➡ 퇴직소득 세액예산 프로그램 ➡ 다운로드

❷ 경력 자산 정리하기

  직장 생활은 외부의 경제 환경 변화와 기업의 경쟁력 강화라는 대명제 앞에 직장 생활의 근속 연수가 30년에서 20년, 10년 등으로 줄어가고 있다. 최근에는 기업에서 조기 퇴직이라는 현상이 나타나서 자연히 직장인은 퇴직 후에도 일을 할 수밖에 없는 상황으로 몰리고 있다. 퇴직자는 부모님 봉양, 독립하지 못한 자녀 돌봄과 자신의 노후 준비라는 삼중고의 무게감이 여전히 현실적으로나 심리적으로 가중될 수밖에 없는 상황이다. 원하든 원치 않든 정해진 직장생활의 미래는 퇴직 후 진로가 정해져 있다. 퇴직 후 진로는 채취업을 통한 경력 연장, 창업을 통한 새로운 경력에 도전 그리고 반퇴나 은퇴생활 등 진로 방향이 정해져 있다. 대부분 퇴직자가 피할 수 없거나 미래의 길이기때문에 철저한 준비만이 필요할 뿐이다. 또한 환경 변화에 대처하고 준비하면서 경력 목표를 위한 구체적인 경력 관리가 필요이다. 경력 관리는 자신에 대한 직장 생활의 경력 성과와 역사를 뒤돌아보면서 자기 스스로 가치를 평가하고 경쟁력의 점검을 통해 진로 탐색과 경력 목표를 설정한다. 그러한 경력 관리는 개인이 경력관리의 주체로 보는 관점과 기업이나 조직이 주체가 되는 관점으로 상호 보완적인 관계에 있다.

최근에는 개인의 기대나 요구에 맞는 프로티언 (Protean) 경력으로 변화하는 추세이다. 예를 들어 평생 고용의 개념이었던 전통적 개념의 경력 목표는 승진이나 급여 인상이나 전문성을 노하우(Now how)로 판단하였다면 프로티언(Protean) 경력은 경력 목표를 심리적 안정이나 만족과 같은 개인적인 핵심 가치에 맞추어 있으며 전문성은 지속적인 학습 능력(Learn how)으로 판단한다.

왜냐하면 기술의 발전과 고객과 시장의 변화, 의사 전달 체계 등 과거의 지식으로는 더 이상 활용을 할 수가 없기 때문이다. 호프만(Hoffman)과 카스노차(Casnocha)는 경력계획을 세 가지 퍼즐 조각 맞추기라고 하였다(백지연, 2021)

<그림 1-2>

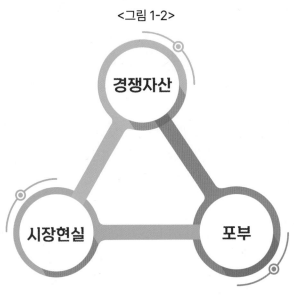

출처: 백지연(2021), 경력개발 전략 이론과 실제

모든 진로 전략의 기본은 경쟁우위로서 경쟁 우위는 경쟁 자산, 포부 및 가치관 그리고 시장 현실의 상호 작용에 의해 형성한다고 했다. 경쟁 자산은 유형자산(hard asset)과 무형 자산 (soft asset)으로 나누며 유형자산은 자신의 재정 상황을 말하고 무형자산은 개인의 지식이나 브랜드 및 강점 그리고 인맥 등을 말한다. 포부는 자신의 미래나 가치관을 말하며 시장현실은 고용시장에서 인력에 대한 수요와 공급을 말한다. 더불어 이 퍼즐은 시간이 지나면서 모양과 크기가 변한다는 것도 이해할 필요가 있다.

02 계획수립

03 변화관리

04 목표 설정

05 실행 전략

06 전직 성공

07 활용양식

08 부록

3 인맥 네트워크

우리는 인맥을 관리한다고 하면 순수해야 할 인간관계가 관리라는 목적성을 가진 의미를 지니고 있어 부정적인 생각부터 떠오른다. 그러나 인간관계는 태어나서 죽을 때까지 나 아닌 타인과의 관계 속에서 살아간다. 인간관계가 직장 생활뿐만 아니라 우리가 살아가면서 중요하다는 것은 모두가 다 인식하지만, 원만한 인간관계의 유지는 힘들고 어렵다. 그 이유 중에 하나는 우리가 모두 다 다르기 때문이다.

그래서 친밀하고 신뢰 있는 인간관계는 저절로 이루어지는 것이 아니기 때문에 인맥은 지속적인 정성의 결과물이다. 일본의 경영 컨설턴트 나카지마 다카시는 인맥을 구축하는데 헤드워크(Headwork), 풋워크(Footwork), 네트워크(Network) 3가지 요소를 강조하였다.

<그림 1-3>

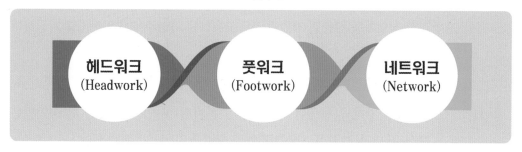

헤드워크(Headwork)는 일반적으로 오픈 되어 있는 미디어의 활용을 말하며 정보의 양보다 질이 중요하고 가장 가치 있는 헤드워크는 다양성이다. 풋워크(Footwork)는 살아있는 생생한 경험의 정보력으로서 해드워크에 대한 정보의 질을 결정한다. 마지막으로 네트워크(Network)는 종류와 다양성을 필요조건으로 헤드워크와 풋워크로 수집된 정보를 네트워크로 확인한다.

우리는 인맥의 척도를, 자신을 중심으로 동심원을 그려보면서 판단한다. 예를 들어 자신을 중심으로 가장 가까운 동심원은 당연히 가족이며 그 다음으로 친구나 이웃 그리고 직장 동료나 비공식적인 관계 등 개인적인 생각에 따라 여러 가지 원으로 나누어 질것이다.

링크트인(Linkedin) 창업자인 리드 호프만(Reid Hoffman)은 인간관계의 작용은 상황이라는 맥락에 따라 차이가 난다고 주장하였다. 예를 들어 가족이나 친한 친구의 관계인 개인적인 맥락의 사람들은 정신세계와 핵심 가치를 공유한다. 직업적 맥락과 관련 있는 직장 동료나 직업상 알고 지내는 사람들은 사업적 목표와 직업적 관심사로 묶여 있다.

그는 네트워크를 단계적으로 제시하며 지구촌의 사회적 네트워크를 6단계로 연결되어 있어 있으며 우리가 사는 지구는 모든 사람이 6명의 중간자를 통해 연결되어 있는 사회적 네트워크로서 연결성을 강조하였다. 그리고 직업적 맥락에서 당신에게 도움이 될 수 있는 사람을 만날 때는 3단계 분리 법칙을 제시하였다.

<표1-1>인맥의 3단계 분리 단계

단계	1단계	2단계	3단계
내용	당신이 신뢰하는 친구와 동료들	당신의 지인들과 연결된 친구의 친구들	친구의 친구들을 통해 연결될 수 있는 사람들

　따라서 직업적 네트워크를 통해 새로운 사람을 만나려면 1단계의 강한 연대의 관계도 필요하지만 동시에 가교 구실을 하는 2단계와 3단계의 약한 연대도 필요하다.

❹ 2023년 고용 창출국가 지원사업 (출처: 고용노동부 정책 자료실)

(1) 신중년적합 직무 고용장려금 지원

① 만 50세 이상 실업자를 신중년 적합직무에 고용하는 사업주에게 인건비를 지원하여 신중년 고용 창출

② 지원 내용

(지원대상) 고용창출장려금(신중년 적합직무 고용지원) 사업참여 신청 후 승인받은 우선지원대상기업 및　중견 기업의 사업주

(지원요건) 지원제외(붙임) 직무 외의 직무에 만 50세 이상 실업자를 신규고용 + 6개월간 고용유지+고용 후 만 50세 이상 피보험자 수 증가

(지원내용) 신규 고용한 근로자 1인당 우선지원대상기업 월 80만 원, 중견기업 월 40만 원 지원　※사업주가 지급한 임금의 80% 한도로 지급

(지원한도) 사업장 직전 보험 년도 말일 기준 피보험자 수의 30%(소수점 이하 버림, 10인 미만 사업장의 경우 3명, 100분의 30에 해당하는 인원이 30명을 넘는 경우에는 30명) 이내로 지원

(지급 기간 및 주기) 1년 범위내에서 6개월 단위로 지급

구분	연간 총액	6개월 지급액
우선지원 대상기업	960만 원	480만 원
중견기업	480만 원	240만 원

※ 장려금은 6개월 주기로 신청 및 지급(6개월 단위 기간을 충족한 경우 단위 기간별로 지급하고 일할 또는 월할 지급하지 않음)

※ 우선지원대상기업 분류 기준

산업분류	분류기호	상시 사용하는 근로자 수
1. 제조업 [다만, 산업용 기계 및 장비 수리업(34)은 그 밖의 업종으로 본다]	C	500명 이하
2. 광업 3. 건설업 4. 운수 및 창고업 5. 정보통신업 6. 사업시설 관리, 사업 지원 및 임대 서비스업[다만, 부동산 이외 임대업(76)은 그 밖의 업종으로 본다] 7. 전문, 과학 및 기술 서비스업 8. 보건업 및 사회복지 서비스업	B F H J N M Q	300명 이하
9. 도매 및 소매업 10. 숙박 및 음식점업 11. 금융 및 보험업 12. 예술, 스포츠 및 여가 관련 서비스업	G I K R	200명 이하
13. 그 밖의 업종		100명 이하

비고: 업종의 구분 및 분류기호는 「통계법」제22조에 따라 통계청장이 고시한 한국표준산업분류에 따른다.

※ **중견기업 분류 기준:** 한국중견기업연합회(www.formek.or.kr)에 가입된 기업

(지원절차) 사업 참여 신청을 한 후 승인을 받아야 지원함

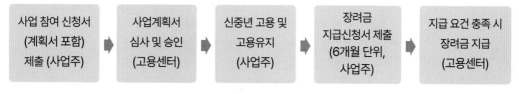

사업 참여 신청서 (계획서 포함) 제출 (사업주) ➡ 사업계획서 심사 및 승인 (고용센터) ➡ 신중년 고용 및 고용유지 (사업주) ➡ 장려금 지급신청서 제출 (6개월 단위, 사업주) ➡ 지급 요건 충족 시 장려금 지급 (고용센터)

※ 신청 관련 자세한 사항은 고용노동부 대표 전화번호(☎1350) 또는 관할 고용센터 기업지원팀에서 확인 가능

(2) 시니어 인턴십 (출처: 한국노인인력개발원)

① 시니어 인턴십 사업이란?

- 만 60세 이상자의 고용 촉진을 위해 기업에 인건비를 지원하여 계속 고용을 유도하는 사업을 말한다.

② 참여기업

- 만 60세 이상인 자를 고용할 의사가 있는 4대 보험 가입 사업자 중 근로자 보호 규정을 준수하는 기업

③ 참여자

- 만 60세 이상 자(개발원 및 수행기관에서 진행하는 교육 이수 필요)

※신청제외: 중앙정부 및 지방자치단체 재정지원 일자리 사업 등에 참여 중인 자 등

④ 지원 내용

3개월간 인턴십 참여 후 계속 근로계약 체결 시 1인당 최대 240만 원 인건비 지원

구분		참여기업 지원금		
		지원금 형태	지원내용	총액
참여 기업	일반형	인턴 지원금	- 입사일로부터 3개월간 1인당 월 약정급여의 50% 지원 • 월 최대 40만 원 한도 내 최대 3개월	1인당 최대 240만 원 지원
		채용 지원금	- 인턴 종료 후 6개월 이상 계속 고용계약 체결 시 - 3개월간 1인당 월 약정급여의 50% 지원 • 월 최대 40만 원 한도 내, 최대 3개월	
	세대 통합형	채용 지원금	- 숙련 기술 보유 퇴직자를 청년 멘토로 최소 6개월 이상 고용한 기업에 1인당 300만 원 지원(일시금) • 참여자의 누적 급여총액이 보조금 이상 지급된 시점 이후 지원	1인당 300만 원 지원
	장기 취업 유지형	장기 취업 유지금	- 인턴십 사업으로 일정 기간 이상 고용한 경우, 18개월 80만 원, 24개월 80만 원, 30개월 60만 원, 36개월 60만 원 지원(4회) • 지원기준일(18·24·30·36개월 경과 시점) 이후 3개월 이내 신청기업에 한해 지원 ('22년 참여자부터 적용)	1인당 최대 280만 원 지원
수행 기관	위탁운영비		-일반형, 세대 통합형 참여자 1인당 30만 원	
	채용 성공보수		-일반형, 세대 통합형 참여자 중 일정기간 이상 장기근로 유지 시 18개월, 24개월, 30개월, 36개월 각 기간별 채용 성공보수 1인당 5만 원을 수행 기간에 지원	

02 퇴직 후 현실 점검 5가지 포인트 ☆

퇴직예정자에 대한 퇴직 전 점검사항에 대하여 앞장에서 살펴보았다. 퇴직 후에도 역시 살펴보아야 할 5가지 내용이 있다. (실업급여 신청, 국민연금 설계, 건강보험료 납부, 그리고 경력 개발을 위한 국민 내일 배움 카드의 활용 방법 및 세무 상식 등 5가지이다.)

❶ 실업 급여 신청 (출처: 고용보험 홈페이지 www.ei.go.kr)

2023년도 최저시급이 9,620원으로 2022년 9,160원 대비 5.0%로 인상되었다. 실업급여는 고용보험 가입근로자가 실직하여 재취업 활동을 하는 기간에 소정의 급여를 지급함으로써 실업으로 인한 생계 불안을 극복하고 생활 안정을 도와주며 재취업의 기회를 지원해 주는 제도이다. 실업 급여는 구직 급여와 연장 급여, 취업 촉진 수당(조기 재취업 수당, 직업 능력 개발 수당, 이주비, 광역 구직 활동비) 등으로 나누어져 있다. 실업 인정 유형은 일반 수급자(소정급여일수 180일 이하), 반복 수급자(이직일 기준 직전 5년간 3회 이상 수급한 자), 장기 수급자(소정 급여 일수 210일 이상), 만 60세 이상(이직일 기준), 장애인 등으로 구분한다. 실업 급여 중 구직급여는 퇴직 다음 날부터 12개월 이내에 신청 후 수령까지 완료해야 하므로 가능하면 퇴직 즉시 신청하기를 권장합니다. (부록 참고)

(1) 구직급여 수급 요건
- 고용보험 적용 사업장에서 실직 전 18개월(초단시간의 경우 24개월) 피보험 단위 기간을 통산하여 180일 이상일 것
- 근로 의사 및 능력이 있고(비자발적 이직) 적극적인 재취업 활동(재취업을 하지 않은 경우 미지급)에도 불구하고 취업하지 못한 상태이며
- 수급 자격 제한 사유에 해당하지 않아야 함(자발적 이직하거나 중대한 귀책 사유로 해고된 경우는 제외한다.

(2) 구직급여 지급액 (2023년 기준)
구직급여는 상한액과 하한액으로 설정되어 있다.
- 상한액: 이직 일이 2019년 1월 이후는 1일 66,000원이다.
- 하한액: 퇴직 당시 최저임금법상 시간급 최저 임금의 80%*1일 소정근로시간(8시간)으로서61,568원이다 (구직급여 하한액은 최저임금법상 시간급 최저임금이 매년 바뀌므로 구직급여 하한액도 매년 바뀐다).

02 계획수립
03 변화관리
04 목표설정
05 실행 전략
06 전직 성공
07 활용양식
08 부록

(3) 구직 급여의 소정 급여 일수

연령 및 가입 기간	1년 미만	1년 이상 3년 미만	3년 이상 5년 미만	5년 이상 10년 미만	10년 이상
50세 미만	120일	150일	180일	210일	240일
50세 이상 장애인	120일	180일	210일	240일	270일

※장애인은 『장애인고용촉진 및 직업재활법』에 따른 장애인을 말한다.

❷ 건강보험 (출처: 국민건강보험 홈페이지 www.nhis.or.kr)

(1) 피부양자 취득

가족 중 직장 건강보험을 유지하고 있는 사람으로서 직장 가입자의 배우자, 직계존속(배우자의 직계존속 포함), 직계비속(배우자의 직계비속 포함) 및 가입자의 형제자매 등 해당 가족 내 관련 업무 부서에 가족관계증명서를 제출하거나 국민건강보험공단에 신청한다.

(2) 소득 요건

① 사업자 등록이 되어 있으나 사업 소득이 없어야 함(단 장애인, 국가 유공자, 보훈 대상자는 사업소득 연간 합계액이 500만 원 이하이며 가능) ② 사업자 등록은 없으나 사업 소득이 연간 500만원 이하인 경우 ③ 종합 과세소득 전체를 기준으로 합산 소득이 2,000만 원 이하인 경우 ④ 기혼자의 경우 부부 모두가 위 요건을 충족하여야 함.

(3) 재산 요건

① 재산 요건은 소유하고 있는 토지, 건축물, 주택, 선박 및 항공기의 『지방세법』 제110조에 따른 재산세 과세 표준의 합이 5.4억 원 이하인 경우 ② 재산세 과세 표준의 합이 5.4억 원 초과 시 9억 원 이하는 연간 소득 1천만 원 이하인 경우 ③ 피부양자 연간 종합 과세소득 2천만 원 초과 시 피부양자 자격 상실 조건에 해당하며 ④ 기혼자라도 부부 개인별로 재산 요건 충족하면 인정함

(4) 보험료 산정 항목

- 소득: 근로, 사업, 이자, 배당, 연금(공적 연금 포함), 기타 등 ② 재산: 토지, 주택, 건축물, 선박, 항공기, 전/월세 등

(5) 임의 계속 가입 제도

① 퇴직 근로자의 경제적 부담을 줄이고자 지역 보험료보다 저렴하게 납부할 수 있는 제도로서 퇴직 전 직장에서 1년 이상 근무하고 퇴직한 지역 가입자 중 직장 가입자 자격을 유지하려는 사람을 말한다.(국민건강보험법 제110조, 시행령 제77조, 시행규칙 제62조, 63조)

② 적용 기간은 퇴직일 다음 날부터 36개월(3년)이 되는 날까지 ③ 신청 방법은 가입자 본인이 거주지 지사를 방문하여 신청하며 신청 기한은 최초로 고지받은 지역 보험료의 납부 기한에서 2개월이 지나기 이전이어야 한다 ④ 유의 사항으로는 최초로 고지된 임의 계속 보험료를 납부하지 않을 때 지역 가입자 자격으로 변동되며 직장 가입자와 동일하게 피부양자로 등재가 가능하다.

(6) 지역 가입자 건강보험료 산정 방법

- 지역 가입자 보험료는 가입자의 소득과 재산(자동차)을 합산하여 부과하며 소득은 직장 가입자와 같이 소득에 비례하는 정률제를 적용한다. 재산은 과표를 선정하여 부과 점수에 점수당 금액을 곱하여 보험료 산정 후 경감률 등을 적용하여 세대 단위로 부과한다.
- 건강 보험료 부과 요소

분류	내용
소득	근로, 사업, 이자, 배당, 연금, 기타 등 - 사업, 이자, 배당, 기타 소득은 연간 소득의 100% 적용 - 근로, 연금(공적연금: 공무원 연금, 군인연금, 사학 연금, 별정 우체국 연금, 국민연금)은 연간 소득금액의 50% 적용
재산	- 토지, 주택, 건축물, 선박, 항공기, 전/월세 - 재산공제: 일괄 5천만 원 - 재산 과표기준: 공시 가격의 60~70%
자동차	승용차 중 4천만 원 이상 적용 - 자동차 가액 기준: 감가를 반영한 현시점 평가액

③ 국민연금 (출처: 국민건강보험 홈페이지 www.nhis.or.kr)

국민연금은 소득 활동을 하는 만 18세 이상 60세 미만의 국민이면 누구나 의무적으로 가입하게 되어 있다. 국민연금의 가입 형태는 크게 사업장과 가입자로 나누어지며 사업장은 국민연금법에 의해 국민연금에 의무적으로 가입해야 하는 당연히 적용사업장을 말한다. 가입자는 가입 종별에 따라 사업장 가입자, 지역 가입자, 임의 가입자, 임의 계속 가입자로 구분된다. 사업장 가입자는 18세 이상 60세 미만 사용자 및 근로자로서 국민연금에 가입된 사람을 말한다. 지역 가입자는 사업장 가입자가 아닌 사람을 지역 가입자라고 한다. 임의 가입자는 사업장이나 지역 가입자가 아닌 60세 이전에 본인의 희망에 의해 가입 신청을 하는 사람이며 임의 계속 가입자는 기존 가입자로서 60세에 달한 자가 가입 기간이 부족하여 연금을 받지 못하거나 더 많은 연금을 받기 위해 가입 기간을 65세까지 연장하여 신청하는 경우를 말한다.

02 계획수립
03 변화관리
04 목표설정
05 실행 전략
06 전직 성공
07 활용양식
08 부록

국민연금 지급 개시 연령은 다음과 같다.

출생 연도	~1952년	1953~56년	1957~60년	1961~64년	1965~68년	1969년~
개시 연령	60세	61세	62세	63세	64세	65세

(1) 조기 수령

0년 이상이고 55세 이상인 사람이 소득이 있는 업무에 종사하지 않는 경우에 신청하면 60세 전이라도 지급이 가능하다.

출생 연도	~1952년	1953~56년	1957~60년	1961~64년	1965~68년	1969년~
개시 연령	60세	61세	62세	63세	64세	65세
조기수령 연령	55세	56세	57세	58세	59세	60세

※ 55세 수급 연령 개시 기준: 55세/70%, 56세/76%, 57세/82%, 58세/88%, 59세/94% 지급

- 조기 수령 시 그만큼 감액 지급(연 6%~30%) 연금을 청구한 연령에 따라 연금 지급률이 변동된다.

(2) 실업 크레딧 제도

실업 크레딧 제도는 2016년 8월 1일 시행된 제도로서 18세 이상 60세 미만의 실직자가 국민연금 보험료를 1개월 이상 납부한 이력이 있는 가입자에게 최대 1년간 보험료의 75%를 지원하고 그 기간을 국민 연금 가입 기간으로 추가 산입하는 제도이다.

① 신청 방법

• 신청 방법: 국민연금 공단 지사나 고용노동부 고용센터 및 실업급여 신청 시 신청할 수 있다.
• 신청 기간: 구직 급여 종료일이 속하는 다음 달 15일 이전까지 신청할 수 있다.

4 국민 내일 배움 카드 (출처: 직업훈련 포탈 www.hrd.go.kr)

(1) 국민 내일 배움 카드 제도 소개

① 지원 대상

- 국민 누구나 모두 신청할 수 있다.
- 제외 대상: 현직 공무원, 사립학교 교직원, 졸업 예정 학년이 아닌 고등학교 재학생, 졸업까지 수업 연한이 2년을 초과하여 남은 대학 재학생, 연 매출 1억 5천만 원 이상의 자영업자, 월 임금 300만 원 이상인 대규모 기업 종사자(45세 미만), 월 평균 소득 300만원 이상인 특수형태 근로 종사자, 만 75세 이상 등은 제외된다.

01 퇴직 준비

02 계획수립

03 변화관리

04 목표설정

05 실행 전략

06 전직 성공

07 활용양식

08 부록

② 지원 한도

- 1인당 300~500만 원까지 훈련비의 45~85% 지원한다.
- 140시간 이상 훈련과정에 참여하는 실업자에게는 월 최대 11.6만 원을 지급한다.
  (단위 기간 1개월 출석률 80% 이상 시)
- 유효 기간: 계좌 발급일로부터 5년

③ 계좌 발급 절차

- 실업자, 재직자 관계없이 온라인(HRD-net) 및 고용센터에 방문하여 계좌 발급 신청을 한다.
- 신청 시 자체 훈련 계획서를 제출한다.

5 **퇴직 후 법률·세무 상식** (출처: 국세청 홈페이지 www.nts.go.kr)

아래의 전체 흐름을 보시고 납부 대상, 시기, 세율 등 자세한 사항은 국세청 홈페이지에 상세히 되어 있으니 꼭 들어가셔서 꼼꼼하게 살펴보시기를 바란다.

(1) 퇴직 후 연말정산 방법

① 다른 회사로 간 경우

중도에 퇴사하고 같은 해 다른 회사에 취업한 경우에는 새로 취업한 회사에서 연말정산을 할 때 종전 회사에서 받은 근로소득 원천징수 영수증을 제출해야 한다. 왜냐하면 두 회사에서 받은 급여를 합산하여 정산하기 때문이다. 만약 이를 연말정산 때 누락한 경우에는 수정신고를 해야 한다. 수정신고 하지 않으면 가산세와 함께 세금이 추징된다.

② 사업을 하는 경우

중도에 퇴사하고 그해에 사업을 시작하였다면 근로소득과 사업소득이 공존한다. 따라서 이러면 회사에서 근무한 기간의 급여에 대해 대략적인 연말정산을 하게 되며 추후 종합소득신고 때 두 소득을 합산하여 신고하게 된다. 한편 회사를 나올 때는 특별공제를 거의 받지 않으므로 종합 신고를 할 때 특별공제 서류를 제출하면 공제받을 수 있다.

③ 실직상태에 있는 경우

중도 퇴사한 경우 그 이후로도 실직 상태가 계속 이어진다면 일단 퇴사 시 약식 정산이 되므로 그때 공제받지 못한 특별공제는 다음 해 5월 중에 추가로 신청하여 환급받을 수 있다. 신청은 연말정산 홈페이지에서 해도 되고, 주소지가 있는 관할 세무서에 가도 할 수 있다.

추가 소득공제 신청 시 필요한 서류는 다음과 같다.

- 종합소득세 확정신고서
- 퇴사한 직장에서 발급받은 근로소득 원천징수 영수증
- 새로운 소득공제 금액이 들어간 근로소득 원천 징수 영수증 및 증빙서류
   : 신용카드 사용내역서, 현금영수증 내역서, 보험료 지급내역서, 의료비 내역서 등

(2) 소득세

① 소득세란?

개인이 지난해 1년간의 경제활동으로 얻은 소득에 대해 납부하는 세금으로 모든 과세대상 소득을 합산해 계산하고, 다음 해 5.1부터 5.31까지 주소지 관할 세무서에 신고, 납부해야 한다. 국내에 주소 또는 1년 이상의 거소를 가진 거주자는 국내의 모든 소득에 대해, 비거주 자는 국내 원천소득에 대해 한정적인 납세의무가 있다. 소득은 이자, 배당, 사업(부동산임 대), 근로, 연금, 기타소득이 있다.

② 종합부동산세

종합부동산세는 전국의 주택 및 토지를 유형별로 구분해 인별로 합산한 결과, 그 공시 가격 합계액이 일정 기준 금액을 초과하는 경우 초과분에 대해 과세하는 세금이다. 종합부동산 세 납세의무자는 국세청에서 부과 고지된 종합부동산세를 매년 12.1부터 12.15까지 납부함 으로써 납세의무가 종결된다.

③ 법인세

내국인 및 국내원천소득이 있는 외국 법인은 그 소득에 대하여 법인세를 납부할 의무가 있다. 사업자 별 소득에 부과되는 세금은 아래와 같다.
- 법인사업자 - 법인세: 2억 이하(10%), 200억 이하(20%), 200억 초과(22%)
- 개인사업자 · 소득세

④ 상속세

상속세란, 사망으로 그 재산이 가족이나 친족 등에게 무상으로 이전되는 경우에 당해 상속 재산에 대해 부과하는 세금을 말한다.

⑤ 증여세

증여세란, 타인으로부터 재산을 증여받은 경우에 그 재산을 증여받은 자(수증자)가 부담 하는 세금을 말한다.

02 계획수립

03 변화관리

04 목표설정

05 실행 전략

06 전직 성공

07 활용양식

08 부록

⑥ 부가가치세

생산 및 유통의 각 단계에서 생성되는 부가가치에 대해 부과되는 세금으로 재화 또는 용역의 공급, 재화의 수입에 대해 부과한다.

⑦ 개별소비세

특정한 물품, 특정한 장소에의 입장 행위, 특정한 장소에서의 유흥음식 행위 및 등정한 장소에서의 영업행위에 대하여 부과하는 소비세이다.

- 물품: 투전기 오락용 사행 기구, 기타 오락 용품, 귀금속, 고급 사진기. 고급 시계, 고급 융단, 배기량 2000cc 초과 승용자동차 및 캠핑용 자동차, 배기량 2000cc 이하 승용차 및 이륜자동차, 휘발유, 경유, 등유, 증류 및 이와 유사한 대체 유류
- 입장 행위: 경마장, 골프장, 경륜장, 경정장
- 유흥음식 행위: 유흥주점, 외국인 전용 유흥 음식점 등
- 영업행위: 카지노

⑧ 증권거래세

구 분	거래세
유가증권시장	0.08%
코스닥	0.23%
코넥스 시장	0.10%
K-OTC	0.23%

⑨ 취득세

- 일정한 자산의 취득에 대해 부과된다.
- 과세 물건: 부동산, 차량, 기계 장비, 입목, 항공권, 선박, 광업권, 어업권, 골프 회원권, 승마 회원권, 콘도미니엄 회원권
- 일정한 사항을 공부에 등기 또는 등록하는 경우에 부과되는 세금
- 등기 등록을 하고자 하는 자는 등기 또는 등록하기 전까지 등록 세액을 신고 납부하여야 한다.

⑩ 양도소득세

부동산 등 자산의 양도에 따라 발생한 소득에 과세하는 세금을 말합니다. 양도소득세 납부 기한은 양도일이 속하는 달의 말일부터 2개월 이내에 주소지 관할세무서에 양도소득세를 예정신고 납부해야 한다.

⑪ 퇴직소득세

퇴직금이라 근로자가 상당 기간 근속하고 퇴직하는 경우 근로관계의 종료를 사유로 사용자가 지급받는 일시 지급금을 말한다.

퇴직 소득의 수입시기는 당해 퇴직 소득이 어느 년도에 귀속되는지를 결정하는 기준을 말하는데 퇴직소득에 대한 총수입금액의 수입 시기는 퇴직을 한 날이다. 다만, 국민연금법에 따른 일시금과 퇴직 공제금의 경우에는 소득을 지급받는 날(분할하여 지급받는 경우에는 최초로 지급받는 날)이 된다.

2강_계획수립

1 퇴직자를 위한 전직 지원 가이드

2 전직 지원 프로그램

3 전직 지원 프로그램 사례

01 퇴직자를 위한 전직 지원 가이드

❶ 전직지원서비스 소개

우리는 누구나 회사에 입사하면 퇴직을 한다. 퇴직의 모습은 자발적이든 비자발적이든 소속된 회사에서 퇴직하면서 또 다른 삶을 준비해야 한다. 그리고 아마 떠오르는 생각이 '이제부터 무엇을 해야 할까?' '앞으로 어떻게 살지?' 라는 생각은 한 번쯤 했을 것이다. 특히 요즘처럼 경제 환경의 불확실성이나 기업의 저성장과 같은 불안한 외부 환경요인으로 인해 국내 기업은 인력 구조조정이나 사업부의 통폐합 등으로 비용 절감을 하며 외국 기업의 경우 철수 현상을 주위에서 손쉽게 찾아볼 수가 있다. 이러한 일련의 고용불안 현상에 대한 완충제 역할을 제도적으로 도입한 것이 전직지원서비스이다.

전직지원서비스에 관한 일련의 정의를 살펴보면 고용노동부(2001)는 전직지원서비스를 사업주의 지원 아래에 경영상의 이유로 퇴직하는 근로자가 신속하게 재취업이나 창업을 할 수 있도록 지원해 주는 프로그램이다.

국가직무 능력표준(NCS, National Competency Standard)에서는 전직 지원이란 고객의 요구를 분석하여 전직 지원을 기획하고 전직 대상자의 역량을 진단하여 전직 목표를 세우고 이에 따른 변화 관리, 생애 설계, 취 창업을 지원하여 전직 심화 상담과 전직 지원 관리 등을 수행하는 일이라고 했다.

또한 한국산업인력공단(2015)에서는 전직 지원을 실직이나 퇴직으로 인한 위기를 극복하기 위해서 경력 전환과 효율적인 인력관리에 필요한 경쟁력 강화와 변화관리를 위한 정보와 방법을 제공하고 지원하는 일이라고 했다.

❷ 전직지원서비스의 필요성

우리 사회의 중요한 사회적 현상 중의 하나는 2010년부터 시작된 1차 베이비부머 세대(1955~1963년생)의 퇴직이다. 특히 평균 수명의 연장으로 막연한 퇴직 후의 삶을 구체적으로 설계하고 준비를 해야 할 필요가 발생하였다. 평생 몸담고 있던 회사를 더 이상 출근할 수 없다는 사실을 인식하면서 심리적 압박과 경제적 불안으로 위축감과 우울감을 겪을 수밖에 없다.

따라서 퇴직자들의 사회환경 변화로 인한 심리적 불안을 줄이고 전문 분야나 관심 분야로 재취업의 가능성을 높이며 체계적이고 적합한 구직활동을 통해 보다 발전적인 경력 설계를 도와서 성공적인 전직지원 활동을 할 수 있도록 지원할 필요가 있었다.

01 퇴직 준비

02 계획수립

03 변화관리

04 목표설정

05 실행전략

06 전직 성공

07 활용양식

08 부록

<표 2-1>

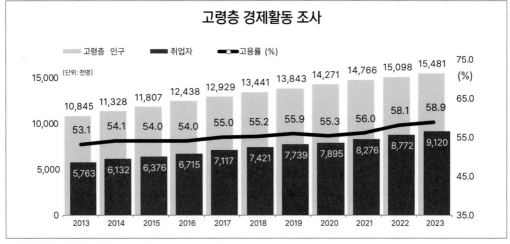

고령층 경제활동 조사

출처: 통계청 경제활동인구 조사부가 조사 (2023. 5월)

❸ 전직 지원 관련 법규

고용노동부에서는 전직 지원을 제도적으로 뒷받침하기 위해 2019년 4월 국회 본회의에서 『고용 정책 기본법』『고용상 연령차별 금지 및 고령자 고용 촉진에 관한 법률(이하 고령자 고용법)』 등 3개 법률안이 의결되었다.

제21조의3(퇴직예정자 등에 대한 재취업지원서비스 지원)

① 사업주는 정년퇴직 등의 사유로 이직예정인 근로자에게 경력 · 적성 등의 진단 및 향후 진로설계, 취업알선, 재취업 또는 창업에 관한 교육 등 재취업에 필요한 서비스(이하 " 재취업지원서비스"라 한다)를 제공하도록 노력하여야 한다.

② 제1항에도 불구하고 대통령령으로 정하는 수 이상의 근로자를 사용하는 사업주는 정년 등 대통령령으로 정하는 비자발적인 사유로 이직예정인 준고령자 및 고령자에게 재취업지원서비스를 제공하여야 한다.

③ 사업주는 재취업지원서비스를 대통령령으로 정하는 바에 따라 다음 각 호의 어느 하나에 해당하는 단체 또는 기관에 위탁하여 실시할 수 있다. <개정 2021. 8. 17.>

「직업안정법」 제18조에 따라 무료직업소개사업을 하는 비영리법인이나 공익단체

「직업안정법」 제19조에 따라 유료직업소개사업을 하는 법인

「국민 평생 직업능력 개발법」 제16조제1항에 따라 직업능력개발훈련을 위탁받을 수 있는 대상이 되는 기관

④ 고용노동부장관은 사업주가 소속 근로자에게 재취업지원서비스를 제공하는 경우에 예산의 범위에서 필요한 지원을 할 수 있다.

⑤ 제1항 및 제2항에 따른 재취업지원서비스의 대상, 내용 및 방법 등에 필요한 사항은 대통령령으로 정한다.

출처: 국가법령정보센터(https://www.law.go.kr)

2020년 5월 1일부터 1,000명 이상 노동자를 고용한 기업은 1년 이상 재직한 50세 이상 노동자가 비자발적 사유(예: 정년, 희망퇴직 등)로 이직하는 경우 이익일 직전 3년 이내에 진로 상담, 진로 설계, 직업 훈련, 취업 달성 등 전직지원서비스 의무화 제도를 제공해야 한다고 발표했다.

전직지원(轉職支援)은 퇴직하게 된 근로자가 새로운 직장을 찾을 수 있도록 도와주는 제도로서 퇴직하는 근로자가 신속하게 재취업을 할 수 있도록 서비스를 제공하는 프로그램으로 정의할 수 있다(네이버 백과사전). 여기에서 말하는 재취업은 『고용상 연령차별 금지 및 고령자 고용촉진에 관한 법률(이하 고령자 고용법)』에서 근로자에게 경력, 적성 등의 진단 및 향후 진로 설계, 취업 알선, 재취업 또는 창업에 관한 교육 등 재취업에 필요한 서비스로 규정하는 내용이 2022년 6월 10일에 개정된 내용이다. (제21조의 3)

따라서 고령자 고용법의 재취업 지원 서비스는 첫째 진로 설계, 둘째 취업 알선, 셋째 취·창업 교육, 넷째 그 밖의 서비스로 구분하고 있으며 그 구성은 전직 지원 전문가의 전직 역량 분석과 상담 그리고 컨설팅을 기반으로 지원체계가 이루어져 있다. 이를 실행하기 위한 전직지원 전문가는 개인이 지닌 전문성 또는 잠재적 능력을 인식하도록 도와주는 것이다.

또한 취·창업을 위해 직업 선택의 합리적 의사 결정을 하도록 전략적 분석기법을 제공하면서 적합한 직업 정보와 구직 정보를 탐색하여 성공적인 구직 활동을 하도록 지원해 주는 전문가를 말한다. 한국직업사전(2016)의 정의에 따르면 전직지원 전문가는 퇴직 후 이·전직 또는 창업을 희망하는 사람에게 제2의 직업을 추천하고 이에 대한 상담 및 컨설팅을 하는 사람이라고 소개하고 있다.

<표 2-2> NCS(국가 직무능력 표준) 관련 분류체계

대분류	중분류	소분류	세분류
07. 사회복지, 종교	**1. 사회복지**	1. 사회복지 정책 2. 사회복지 서비스	
	2. 상담	1. 직업상담서비스	01. 직업상담
			02. 취업알선
			03. 전직지원
		2. 청소년 지도	01. 청소년 활동
			02. 청소년 상담복지
			03. 진로지도
		3. 심리상담	01. 심리상담
	3. 보육	1. 보육	

출처: 한국산업인력공단, 직업상담 서비스(전직 지원)(2015

전직지원 전문가들은 퇴직자들을 위해 퇴직 전후에 심리적인 불안이나 경력 전환 및 변화 관리를 통해 어려움을 극복할 수 있도록 지원하는 일이다. '전직지원 전문가(outplacement expert)'라는 직업명은 2014년 고용노동부가 발표한 신직업군으로 발표하면서 국내에서도 널리 알려지기 시작했다.

02 전직 지원 프로그램

전직지원서비스의 프로그램은 퇴직자의 요구와 특성에 맞게 구조화하여 서비스 프로세스를 개발하고 고객에게 적합한 경력 설계를 통해 취 창업에 성공할 수 있도록 구성한다. 전직지원서비스는 경력 관련 사안들을 포괄적으로 다룬다. 전직지원서비스에 참여하는 개인이나 참여자는 일반적으로 실직이나 감정적인 문제들을 노출하며 상담을 시작한다.

그 다음에 상담의 목적이나 진행을 안내하는 오리엔테이션(Orientation)을 실시하며 고객의 요구사항이나 필요 사항을 점검한다. 그리고 지원 서비스를 위한 협조사항과 지원 서비스를 안내한다. 경력 목표 설정을 위해 참여자의 경력 진단을 통해 방향성을 설정하고 고객 요구나 필요에 대한 환경 분석을 통해 목표 설정을 위한 계획서를 공유한다.

또한 희망 분야에 대한 고용 환경 분석을 통해 관련 기관들의 정보 수집과 목표 기업의 정보 수집을 한다. 이력서 작성, 커버 레터, 자기소개서, 직무 기술서 등 지원 문서를 포함한 서면 구직활동 문서 작성을 지원한다. 이어서 모의 면접 훈련이나 채용 면접 전략을 도출하고 서치펌 기업이나 고용 관련 기관을 이용하는 방법과 목표회사에 대한 직접적 접근 방법도 안내해 줄 필요가 있다.

그리고 전직 활동에 도움과 필요 역량을 높이기 위해 직업 훈련기관의 안내나 정보를 제공할 필요도 있으며 취미나 관심사를 고려한 다양한 활동을 소개하고 관련 정보를 제공함으로써 새로운 분야의 탐색을 효과적으로 지원하는 것도 도움이 된다.

마지막으로 포괄적인 전직지원 프로세스 전반에서 현실적인 점검과 동기부여 및 격려도 참여율을 높이고 행정지원 서비스를 제공하여 극대화된 직업 탐색 활동을 지원해 줄 필요가 있다. 아래 내용〈그림 2-3 〉은 2021년 노사발전재단 중장년 일자리 희망센터에서 운영하는 전직지원서비스 프로그램을 단계적으로 진행하는 내용이다.

<그림 2-3>전직지원 서비스 프로세스

도입단계	탐색단계	실행단계	사후관리
신청경로 · 본인 직접신청 · 교육연계 · 지인 소개 · 사업 부서 · 기타 **초기상담** · 니즈파악 · 서비스등록	**자가진단 / 분석** · 성향, 가치, 흥미, 전문성, 소질, 창업적성 등 · 경력 및 역량분석 **정보탐색** · 직업 및 직무 정보 · 고용시장 정보, 창업정보 · 교육정보 및 사례 **전문상담** · 전직지원(취업/창업) · 경력개발 · 생애설계 및 은퇴준비	**교육 및 워크숍** · 센터 내 교육 (전직지원, 경력 개발, 은퇴준비, 생애 설계) · 창업실무교육 연계 · 역량개발교육 연계 · 직업능력 개발교육 연계 **실행지원**	· 재취업 성공 · 창업완료 · 새로운 환경 적응 · 경력관리 지원 · 지속적 모니터링 · 센터 소식지 발행 **일자리, 박람회, 교육 등** 정보제공

출처: 교육부, NCS 학습 모듈 전직 초기면담 재인용

01 퇴직 준비

02 계획수립

03 변화관리

04 목표설정

05 실행 전략

06 전직 성공

07 활용양식

08 부록

❶ 전직 지원 상담 프로세스

전직 초기 면담은 전직 지원 전문가와 전직 지원 대상자가 만나 대상자의 기본정보와 호소 논점 그리고 기대와 욕구를 파악하여 전직 지원의 목표 설정과 프로세스를 설명하는 것이다. 이를 위하여 본서에서는 노사발전재단의 2023년 중장년 일자리 내일 센터의 4단계를 확대하여 6단계를 제시하였다.

<표 2-4> 전직 지원 상담 프로세스(재취업 중심)

단계	퇴직 준비	계획수립	변화 관리	목표설정	실행전략	전직 성공
모듈	퇴직 전 준비 퇴직 후 점검	전직 지원 소개 전직 지원 프로그램	퇴직 변화관리 시간 관리 스트레스 자기 이해직업 탐색	전직 목표 설정 직업 정보 탐색하기 고용시장 이해하기	채용시장 이해하기	중소기업 이해하기 의사소통 대인관계
내용	퇴직 점검 사항	전직 지원 안내	전직 지원 상담	전직 지원 전략 수립	전직 지원 구직 활동	전직 지원 사례 연구

출처: 노사발전재단 재취업프로세스(2023)를 기반으로 저자가 재구성

03 전직 지원 프로그램 사례

국내 퇴직자에게 지원하는 전직지원서비스의 내용은 일반적으로 변화관리, 경력 전환, 생애 설계, 행정 지원 서비스 등 공통적인 내용을 중심으로 운영하지만, 기관마다 상이함을 나타내고 있다. 기업의 경우 전직지원서비스는 해당 기업이 주체가 되어 운영하는 방법과 외부 전문기관에 의뢰하여 운영하는 방법이 있다. 기업이 주체가 되어 운영하는 경우는 사내 경력개발센터나 외부 전문 기관에 의뢰하여 진행한다.

외부 기관은 전직 교육프로그램을 취업프로그램 중심으로 고객이나 대상자의 요구분석에 따라 프로그램을 계획한다. 그 내용 역시 운영기관별로 큰 차이를 보이고 있지는 않으나 서비스 기간에는 큰 차이를 보인다. 예를 들어 대상자가 희망 퇴직자, 명예퇴직자는 전직 프로그램, 퇴직 임원에게는 임원 프로그램, 정년퇴직 예정자는 정년 프로그램, 그리고 기타 프로그램이 있으며 그 내용을 정리하면 다음과 같다.

<표 2-5> 생애 경력설계 프로그램

인생 들여다보기(M1))	인생 되돌아보기(M2)	제2인생 계획하기(M3)	제2인생실행하기(M4)
인생 2막 준비 필요성 - 인사합시다! - 호모 헌드레드 시대 - 100세 시대 고민 - 베이비부머 세대 - 인생2막 준비 필요성	나의 진로 경력 회고 - 인생 회고 의미 - 인생 회고 질문들 - 나의 인생 정리하기 - 베이비부머 정체성 - 격려와 응원	생애 계획 수립 -생애 설계 이해 -생애 설계 실습	구직 준비 - 구직 준비 이해 - 지원 분야 분석 실습 - 구직서류 준비 - 면접 준비

중장년 노동시장 이해
- 생각해 봅시다!
- 중장년 노동시장
- 다양한 일자리 이해
- 재취업, 창업, 창직,
  귀농·귀촌, 사회공헌
	경력의 핵심 역량찾기
	- 진로경력 회고
	- 베이비부머 근로생애
	  유형
	- 주요 경력에서 핵심
	  역량 찾기
		경력경로 설계
		- 경력 설계 이해
		- 경력 설계 실습
			삶의 균형점 찾기
			- 구직 준비 이해
			- 지원 분야 분석 실습
			- 구직서류 준비
			- 면접 준비

일과 직업 이해 - 생각해봅시다! - 일의 의미 - 은퇴의 의미	경력의 몰입경험 찾기 - 주변 경력에서 몰입 경험 찾기 - 직업 가치관 - 버킷 리스트 - 직업 흥미 검사	구직계획 수립 - 구직 설계 이해 - 조사 단계 - 접근 단계 - 후속 단계 - 구직 계획 수립	일의 영역 확장하기 - 라이프 리발랜싱 이해 - 라이프 리발랜싱 연습

출처: A 기관 자료를 저자가 재구성

<표 2-6> 전직 프로그램 사례

구 분	내 용	비 고
교육	전직에 필요한 소양 교육	공통
자기진단	성향 분석을 통한 재취업 창업 준비	공통
상담 / 컨설팅	개인 환경과 상황에 맞는 상담 및 컨설팅	공통
재취업훈련 / 일자리 알선	재취업에 필요한 정보 제공 및 실습	선택
창업지원	창업에 대한 이해와 정보 제공 및 실행계획 지원	선택
사후관리	안정적 정착을 위한 사후 지원	공통

출처: B사 자료를 저자가 재구성함

<표 2-7> 종합 프로그램 사례

분류	대상자	기간	주요 내용		
전직 지원 프로그램	희망 퇴직자 정년퇴직 예정자	1개월~18개월	- 초기상담 및 변화관리 - 역량분석 및 역량강화 - 취업 창업 교육/컨설팅 - 재무 세무 설계지원	- 전직 목표 설정 - 생애 설계지원 - 취업 알선지원 - 경력개발 지원	사후 관리
임원 프로그램	퇴직 임원	3개월~24개월	- 초기상담 - 변화관리 - 취업 교육/컨설팅 - 창업 교육/컨설팅	- 역량분석 - 전직 목표설정 - 전직 지원 체험활동 - 개인 사무 공간제공	사후 관리
재취업 지원 서비스	정년퇴직 예정자	조건 상이함	- 초기 상담 - 전직 목표 설정	- 취 창업교육/컨설팅 - 취업 정보 지원	서비스 피드백
기타 프로그램	- 고객사 맞춤형 프로그램(기간, 프로그램 내용, 진행 방식 등) - 경력 지원 경력 개발 프로그램 등				

출처: B사 자료를 저자가 재구성함

<표 2-8> 창업 프로그램

단계	창업프로그램
창업 준비	창업역량 검사/창업 적성검사, 창업 자기진단, 창업이해도 검사, 창업 준비도 점검 창업 준비유형/준비노하우, 가족 지원 현황지원, 재무상황점검, 창업성공&실패사례
창업 기술	창업 트랜드/아이템 아이데이션, 창업 아이템 구체화/아이템 선정, 타당성 검토 비즈니스 모델, 사업계획 수립, 정부지원제도, 상권분석(이론), 입지 분석(이론) 세무 외부 자문/재무 외부 자문
창업 활동	창업박람회 참석, 현장실습, 상권분석(현장)/입지 선정(현장), 점포 계약/점포 관리 전략, 홍보전략/인력관리 전략
창업 성공	최종 의사결정, 계약서 검토/실제 창업 진행, 컨설턴트 밀착 코칭, 창업 스트레스 관리, 창업 힐링 라운지
창업 유지	창업시장 현황 주시, 성공 사례 벤치마킹, 점포 관리 점검/인력관리 점검, 홍보 전략 점검/ 바이럴 마케팅, 창업 위기 대응 컨설팅, 리스크 극복 방안, 매출 증대 방안
창업 관리	법규 이해/절세 방법, 종합 소득세 신고,

출처: B사 자료를 저자가 재구성함

3강 _ 변화관리

1 퇴직으로 인한 변화 관리

2 시간 관리와 스트레스 관리

3 자기 이해와 직업 탐색

01 퇴직으로 인한 변화 관리

1 변화에 대한 인식

직장인이라면 누구든 퇴직 생각을 안 할 수는 없다. 퇴직이 직장인에게는 회사를 떠나는 마지막의 모습으로 일차적인 마침표의 의미도 있지만 시간상으로 보면 새로운 시작을 알리는 출발의 뜻이기도 하다. 또한 재충전을 의미하는 쉼표이기도 하지만 자기 계발을 위한 학업의 연장 시간이 될 수도 있다. 그러나 분명한 것은 퇴직에 대한 생각과 현실은 다르며 그 크기는 생각에 따라 다르기도 하다.

퇴직이 현실적으로 다가오면서 일반적으로 제일 먼저 떠오르는 생각이 "퇴직 후 무엇을 하지?"라는 생각일 것이다. 장수사회에서 퇴직은 새로운 삶에 대한 일상의 변화를 알리는 자명종이며 준비 과정을 위한 신호이기도 하다. 그 배경에는 100세 시대로 사회 환경이 변하면서 신중년 세대들은 집에서 20~30년간 휴식보다는 다양한 사회활동이나 경제활동을 통해 제2의 인생에 살려는 욕구가 강해지면서 서드 에이지(Third Age) 개념이 관심받게 되었다. 즉 서드 에이지는 기존의 인생이 학습기-근로기-은퇴기를 거부하고 40대에서 70대 중반까지 또 다른 2차 성장을 통해 자기실현을 추구하는 단계를 말한다.

<그림 3-1>

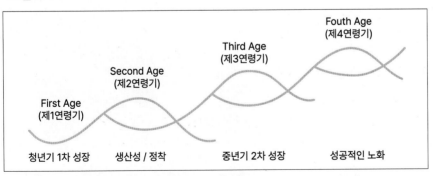

출처: 우재룡 외(2012), 오늘부터 준비하는 행복한 100년 플랜

2 퇴직 후 현실 인식

퇴직을 하면 이전 생활에서 경험하지 못한 변화를 갖게 된다. 첫째로 자신의 지위 변화이다. 퇴직으로 인해 사회에서 인정해 주는 명함이나 직함이 없어지고 지역사회의 한 구성원이 된다. 퇴직 이후에 사회에서 고립되지 않도록 지역의 사회단체나 자원봉사 단체, 평생학습 참여 등 사회와 연결고리를 만드는 노력이 필요하다 둘째로 생활 리듬의 변화이다.

01 퇴직준비

02 계획수립

03 변화관리

04 목표설정

05 실행전략

06 전직설계

07 활용양식

08 부록

그동안 일과 집을 중심으로 만들어진 생활 리듬이 퇴직 이후에는 바뀌게 된다. 갑자기 변한 환경에 적응하지 못하고 TV만 보면서 무의미한 일상을 보내기 쉽다. 그래서 퇴직 전에 미리 월 계획표와 하루 일정표를 작성하고 새로운 생활 리듬을 만드는 노력이 필요하다. 셋째로 소비수준의 변화이다. 퇴직으로 인해 정기적으로 들어오던 소득이 사라지면서 소비에도 제약을 받는다. 퇴직 이후 경제력에 맞는 생활을 영위하기 위해서는 정기적으로 소득이 들어오던 직장 생활과는 다르게 소비 수준을 바꿀 필요가 있다.

넷째로 가정 내 역할의 변화이다. 가정 안에서 아내와 남편의 역할이 변한다. 그동안 남편은 돈을 벌어오고 아내는 가정을 지켰다면 이제는 새로운 역할 분담을 해야 한다. 100세 시대에 부부가 함께하는 시간이 길어진 점을 명심하자. 다섯째로 체력의 변화이다. 나이가 들면서 신체 기능이나 능력이 점점 떨어진다. 규칙적인 운동과 자신만의 건강관리법을 만들어 활력 있는 노후를 만들 필요가 있다(고용정보원, 2019).

❸ 장수사회의 리스크

장수는 인간 누구에게나 축복받을 일이지만 그 이면에는 리스크가 자리 잡고 있다. 이제는 적어도 20~30년 정도 사회활동을 연장하고 남은 시간을 노후생활에 적응하는 앞선 세대와는 전혀 다른 생활을 맞이해야 하기 때문이다. 우재룡 외(2012)은 장수 사회에서 불안의 원인으로 이야기되는 고독(孤獨), 무업(無業), 유병(有病), 무전(無錢) 등 누구나 피할 수 없는 4대 리스크가 있다고 했다.

<그림 3-1>

출처: 우재룡 외(2012), 오늘부터 준비하는 행복한 100년 플랜

이러한 리스크의 배경에는 정년과 퇴직 이후 미래에 대한 불확실성의 불안이 원인이다. 다시 말해서 첫째 경제적인 리스크이다. 직장을 떠나면서 안정적인 소득원이 사라지고 경제적 생활 수준이 낮아진다는 불안감이다. 둘째 건강 리스크이다. 인간은 50세 이후 신체적인 노화 현상과 함께 직장에서 퇴직 스트레스가 겹쳐 급격한 건강 악화로 이어진다.

또한 불규칙한 생활 습관으로 신체적 정신적 불안감이 커지고 노후생활의 건강이 최악으로 변해간다는 것이다. 세 번째 직장은 경제적인 활동 수단뿐만 아니라 인간으로서 존재 이유를 느끼게 하는 장소이기도 하다(송양민 외, 2014).

따라서 장수사회의 리스크는 우리 사회의 인구 변화 현상과 밀접한 관계가 있다. 우리나라는 이미 2000년에 노인 인구 비율이 7% 이상인 고령화사회(Aging Society), 2018년에 14%를 넘어선 고령사회(Aged Society), 2026년에 20%가 넘어서는 초고령사회((Super Aged Society)로 들어서는 사회가 될 것이다.

<표 3-1> 베이비부머의 출생 연도와 연령

(단위: 세)

출생 연도	2017	2018	2019	2020	2021	2022	2023	2023
1955	63	63	64	65	66	67	68	78
1956	61	62	63	64	65	66	67	77
1957	60	61	62	63	64	65	66	76
1958	59	60	61	62	63	64	65	75
1959	58	59	60	61	62	63	64	74
1960	57	58	59	60	61	62	63	73
1961	56	57	58	59	60	61	62	72
1962	55	56	57	58	59	60	61	71
1963	54	55	56	57	58	59	60	70

출처: 우재룡 외(2012), 오늘부터 준비하는 행복한 100년 플랜

그렇다면 퇴직 후에 맞이하게 되는 현실적 상황과 리스크를 대처하기 위해서는 최소한 6가지 영역을 점검하고 준비할 필요가 있습니다. 그 6가지 영역은 직업, 재무, 건강, 여가 및 취미, 관계, 주거/공간으로서 현재 자신의 부족한 부분을 어떻게 채울지 살펴볼 필요가 있다.

다음은 6가지 영역에 대한 6-Wheel 자가 점검표이다 (출처: 삼성전자 경력개발센터, 2015).

※ 다음 문장을 읽고 해당하는 정도에 V로 해주세요.

● 항목별 합계 점수에 곱하기 5를 하신 점수를 4를 곱한 점수를 레이다 차트에 표시하고 각 점수를 연결하십시오.

A - 건강		1	2	3	4	5
1	나는 내 나이에 비해 건강한가?					
2	나는 스트레스를 잘 조절하는가?					
3	합리적인 건강 프로그램을 갖고 있는가?					
4	현재 체중이 건강 유지가 괜찮으며 균형 잡힌 음식을 섭취하는가?					
5	건강진단을 위해 정기적인 종합 검진을 받고 있는가?					

B - 재무		1	2	3	4	5
1	나는 장래를 위해 적절한 재정적 준비를 취하고 있는가?					
2	나에게는 매일 필요한 돈을 벌 수 있는 일이 있는가?					
3	나는 다른 사람들의 재테크 기회에 대한 활용법을 관찰하였는가?					
4	일을 하지 않더라도 가계를 꾸려 나갈 수 있는가?					
5	나를 대신해 내 가족의 부양책임을 맡을 사람이 있는가?					

C - 직업		1	2	3	4	5
1	나는 미래를 위해 만족스러운 계획을 하고 있는가?					
2	나는 새로운 분야에도 적극적으로 임할 수 있는가?					
3	나는 자기 일에 자신감과 자부심을 갖고 있는가?					
4	나는 다양한 교육이나 훈련을 균형 있게 받았다고 생각하는가?					
5	나는 자기개발을 위해 항상 노력하는가?					

D - 여가		1	2	3	4	5
1	나는 여가나 문화 생활을 즐기고 있고 만족하는가?					
2	가족들의 여가 계획이 적절히 계획되는가?					
3	부부가 같이하는 여가생활을 갖고 있고 즐기고 있는가?					
4	나는 일 못지 않게 여가생활을 중요하게 생각하는가?					
5	나는 여가생활 개발노력과 타인으로부터 배우려는 자세가 있는가?					

01 퇴직 준비
02 계획수립
03 변화관리
04 목표설정
05 실행 전략
06 전직 성공
07 활용양식
08 부록

E - 주거 / 공간		1	2	3	4	5
1	주거지 개선에 노력하고 있다					
2	내가 편안하게 느끼고 집중할 수 있는 공간이 있다					
3	노후에 대비한 구체적인 주거지 계획을 하고 있다					
4	생활 환경 개선(정리 포함)의 노력을 기울이고 있다					
5	현재의 주거지에서 필요한 도움을 즉각 요청할 수 있다					

F - 관계		1	2	3	4	5
1	가족과 부담 없이 자주 대화하고 중요한 일을 논의한다					
2	학연, 취미, SNS 등으로 맺어진 친근한 모임이 있다					
3	생활 속에서 도움을 청할 긴급한 사람(건강, 세무, 법률 등)들이 있다					
4	힘들고 어려울 때 마음을 터놓고 솔직하게 대화할 사람이 있다					
5	커리어 전환에 도움을 주거나 정보 교환을 할 인맥이 있다					

항 목	합한 점수	최고 점수	최저 점수
A - 건강	( )	( )	( )
B - 재무	( )	( )	( )
C - 직업	( )	( )	( )
D - 여가	( )	( )	( )
E - 주거/공간	( )	( )	( )
F - 관계	( )	( )	( )

[6-Wheel을 통한 자기진단 결과]

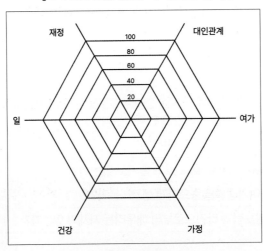

01 퇴직준비

02 계획수립

03 변화관리

04 목표설정

05 실행전략

06 직직성공

07 활용양식

08 부록

● 전체적으로 6개 영역에 대해 스스로 평가해 보세요

● 점수 낮은 영역에 대한 원인은 무엇인가요?

● 점수 낮은 영역에 대한 보완을 위해 어떤 활동을 하면 좋을까요?

4 생애 설계 6대 영역 점검

인간이 살아가면서 개인적으로 반복적인 변화의 과정을 거치는 단계가 있는데 이를 생애 주기라고 한다. 생애주기는 태아기, 영아기, 유아기, 학령기, 청소년기, 청년기, 중년기, 노년기 등 8단계가 있다. 이 단계에 따라 성취해야 할 과제가 있는데 이것을 발달과업이라 하며 이 과업을 어떻게 실현할 것인가에 대한 계획을 생애 설계라고 한다. 최성재(2020)는 생애 설계를 자기가 원하는 인생을 살아가기 위해 생애과정 전체에 대해 세우는 계획이며 고령화사회에서는 전통적인 8단계가 아닌 9단계 모형을 주장하였다.

<그림 3-2> 21세기 생애주기 9단계

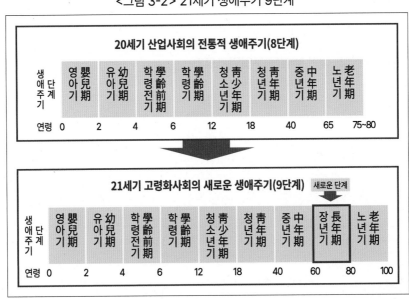

출처: 최성재(2020), 생애설계와 시간관리

따라서 생애 설계의 궁극적인 목표는 행복한 노후 생활이라고 할 수 있다. 이러한 목표를 구현하기 위한 과정에서 우리 삶의 주요한 구성요소인 6가지 영역을 살펴볼 필요가 있다. 다시 말해서 궁극적인 목표인 행복한 노후를 위해 인생 2모작 모형을 도구로 하여 단계별 활기찬 근로 활동과 균형 있는 삶의 추구 및 행복한 노후 생활의 요소를 점검한다. 그 점검의 영역은 건강, 재무, 직업, 여가, 주거, 관계 등 6개의 영역이다.

(1) 건강

① 건강의 이해

장수사회에서 노후의 삶을 판단하는 중요한 요소 중의 하나가 건강이다. 한국 사회의 고령화는 인구 구조의 변화가 사회적 문제이기도 하지만 무엇보다도 신체적 노화로 인한 건강과 직결되어 있다.

노화가 급속하게 하락하는 50대 이후에 만성 질환이 발견되면 일정한 시간이 경과 후에는 합병증으로 발전한다는 것이다. 특히 만성 질환의 원인이 나쁜 생활 습관에서 기인하며 생활 습관병은 여러 가지 질병이 복합적으로 나타나는 특성이 있다. 생활 습관병은 잘못된 식습관, 음주, 흡연, 신체 활동 부족 등에서 시작한다. 이처럼 노년층에서 만성 질환의 유병률이 높게 나타날 수밖에 없다는 이유이다.

1998년 4월 7일에 발표한 보건 헌장(A Magna Carta for World Health)에 따르면 건강이란 단순히 질병이 없고 허약하지 않은 상태만을 의미하는 것이 아니라 육체적·정신적 및 사회적으로 완전한 상태를 말한다 그 후 영적인 개념을 추가하여 "질병이나 결손이 없는 상태가 아니라 신체적, 정신적, 그리고 사회적으로 안녕한 상태를 말한다"라고 정의하였다(두산백과).

그렇다면 보건 헌장에 따른 건강의 의미는 건강 수명을 의미하며 기대 수명과는 다른 의미가 내포되어 있다. 기대 수명은 일정한 연령에 도달한 사람이 이후 몇 년 동안 생존할 수 있는가를 계산한 것이며 건강 수명은 질병에 걸리지 않은 상태로 살아가는 기간으로서 건강 지표를 나타낸다.

따라서 오래 산다는 것은 반드시 건강하게 사는 것을 의미하는 것이 아니기 때문에 장수사회에서는 삶의 질의 척도인 '얼마나 건강한 상태로 사느냐'로 인식 전환이 필요하다. 다음은 우리나라의 기대 수명과 건강 수명에 대한 차이를 나타낸다.

<표 3-2> 기대수명(0세 기대여명) 및 유병기간 제외 기대 수명(건강 수명) 추이

(단위: 년)

		2012	2013	2014	2015	2016	2017	2018	2019	2020	2021
기대 수명	계	80.87	81.36	81.80	82.06	82.40	82.70	82.70	83.30.	83.50	83.60
	남자	77.57	78.12	78.58	78.96	79.30	79.70	79.70	80.30	80.50	80.60
	여자	84.17	84.60	85.02	85.17	85.40	85.70	85.70	86.30	86.50	86.60
유병기간 제외 기대수명 (건강수명)		65.70		65.20		64.90		64.40		66.30	

출처: 통계청(2022.12), 『생명표, 국가승인 통계 제101035호』

② 건강 수명 늘리기

건강수명과 기대수명의 차이는 우리 생활이 건강한 삶만 있다는 게 아니라 건강하지 못한 나이가 있다는 것이다. 즉 건강하지 못한 나이를 줄이는 노력을 기울여야 하는 것이다. 여기서 주목해야 할 것이 생체나이이다. 생체나이는 건강상태와 노화정도를 나타내는 신체의 실제 나이로서 신체·대사·호르몬 나이를 종합하면 정확한 자신의 신체 나이를 알 수 있다.

<표 3-3>노화 원인

분류	내용
심장과 혈관 노화	뇌졸중, 심장병, 기억력 감퇴, 남성 발기 부전의 원인
면역계 노화	자가면역 질환, 감염, 암의 원인
환경과 사회 요인	사고와 스트레스 원인

출처: 마이클 로이젠 외, 내 몸 사용 설명서(2007)

건강 상태를 나타내는 신체 나이는 신체 기능을 나타내며 대사 나이는 장기 기능, 호르몬 나이는 내분비 기능을 나타낸다. 마이클 로이젠 외(2007)은 '50세가 되면 생활 방식이 어떻게 늙어 가는가?'의 80%를 결정하고 유전이나 체질을 20%에 영향을 미친다고 했다. 그는 노화 관련 질병 중 80% 정도가 자신의 노력과 관리로 효과를 볼 수 있다고 했다.

또한 우리나라 사망률은 암〉뇌혈관 질환〉심장질환 순으로 나타났으며 암으로 인한 사망이 뇌혈관 질환이나 심장질환의 거의 3배에 가까웠다. 또한 사망 원인의 대부분이 만성 질환으로서 그 선행 단계가 생활 습관으로 인한 원인이라는 것이다. 결국 만성 질환은 생활 습관을 관리하고 대처를 하면 극복을 할 수 있다.

앞에서 우리는 실제 나이와 건강 나이가 다르며 생활 습관의 변화와 개선을 통해 건강 나이를 늘일 수 있는 자료를 제시해 보면 다음과 같다.

<표 3-4>사망원인 순위 추이, 2011~2021(단위: 인구 10만 명단 명, 명, %)

순위	2011년		2020년		2021년				'11순위 대비	'20순위 대비
	사망 원인	사망률	사망 원인	사망률	사망 원인	사망 자수	구성비	사망률		
1	암	142.8	암	160.1	암	82,688	26.0	161.1	-	-
2	뇌혈관 질환	50.7	심장 질환	63.0	심장 질환	31,569	9.9	61.5	↑+1	-
3	심장 질환	49.8	폐렴	43.3	폐렴	22,812	7.2	44.4	↑+3	-
4	자살	31.7	뇌혈관 질환	42.6	뇌혈관 질환	22,607	7.1	44.0	↓-2	-
5	당뇨병	21.5	자살	25.7	자살	13,352	4.2	26.0	↓-1	-
6	폐렴	17.2	당뇨병	16.5	당뇨병	8,961	2.8	17.5	↓-1	-
7	만성하기 도질환	13.9	알츠하 이머병	14.7	알츠하이 머병	7,993	2.5	15.6	↑+4	-
8	간질환	13.5	간질환	13.6	간질환	7,129	2.2	13.9	-	-
9	운수사고	12.6	고혈압 성질환	11.9	패혈증	6,429	2.0	12.5	↑+5	↑+1
10	고혈압성 질환	10.1	패혈증	11.9	고혈압성 질환	6,223	2.0	12.1	-	↓-1

출처: 통계청(2022), 2021년 사망원인 통계

01 토직 준비
02 계획수립
03 변화관리
04 목표설정
05 실행 전략
06 전직 성공
07 활용양식
08 부록

③ 건강은 운명이 아니라 선택이다

이제는 누구나 100세 시대에 대한 인생 계획을 준비하는 시대를 도래하면서 노화 방지 또는 항노화에 관심이 높아지는 것은 사실이다. 항노화와 같은 전문적인 프로그램은 당연히 전문 의사에게 치료와 교정을 받아야 하지만 우리 자신이 통제할 수 있는 몇 가지 원칙을 지켜준다면 충분히 건강 수명을 늘일 수 있다.

대한 노화 방지의학회(2011)는 노화 방지 요법으로 식이요법과 운동요법을 소개하였다. 식이 요법으로는 첫째 영양 보충 요법이다. ① 영양 보충 요법은 인체의 3대 신생 기능인 보호(Protection), 복구(Repair), 재생(Regeneration)이 있는데 영양소 보충 요법이 신생 기능을 강화해 준다. ② 결핍된 식사, 유해 물질이나 알레르기, 감염 등이 영양소를 고갈시켜 건강 문제나 질병을 증가시킨다. ③ 3대 영양소에 대한 미량 영양소의 비율을 높이는 영양소 보충 요법으로 세포 기능이나 노화 방지를 도울 수 있다. ④ 우리 생활 환경 주변에 다양한 노화 인자로부터 예방과 치료를 위해서는 음식만이 아닌 영양소 보충이 필요하다는 것이다.

또 다른 식이 요법으로는 소식(小食)이 있다. 소식 요법은 실험적으로 지금까지 알려진 포유동물 수명에 변화 속도를 주는 것으로 알려져 있다. 식사량을 줄인다면 필수 영양소는 충분히 섭취해야 한다. 특히 장수 식단의 대표적인 공통점은 채소류 섭취이다. 채식의 장점은 다음과 같다.

<표 3-4>사망원인 순위

	채식의 장점
1	신체와 혈관 노화를 촉진하는 콜레스테롤을 낮추는 효과가 있다. 섬유질이 풍부한 채소가 소장에 머무는 나쁜 콜레스테롤을 체외로 배출시키는 기능을 한다
2	채소에 풍부한 섬유질은 혈관에 붙어 있는 기름때를 녹여 혈관을 넓혀주어 혈압을 낮추어 주는 기능을 한다
3	채소에 들어있는 칼슘이나 마그네슘은 골다공증 예방을 높여준다
4	몸으로 섭취된 채소는 육류에 비해 장에 머무는 시간이 4배 이상 짧아 발암물질 위험으로부터 멀리해주며 채소의 엽록소는 암의 돌연변이 기능을 억제해 준다

출처: 송양민 외, 100세 시대 은퇴 대사전(2014)

다음은 운동 요법으로 운동이 주는 많은 기능 가운데 항노화 작용은 아무리 강조해도 지나치지 않는다.

<표 3-6>운동과 신체의 항노화 관계

분류	신체 계통	내 용
운동	근골격계	근력과 근지구력 강화, 유연성 강화, 자세 균형
	심혈관계	심박수/심박출량: 유산소운동 능력 강화, 허혈성 심질환/혈압 개선
	심리관계	우울증, 자기 효능감, 스트레스, 침체된 행동 촉진
	뇌	치매/인지기능 개선
	신체활동	만성 질환 예방, 사망률 저하로 수명 연장

출처: 대한 노화 방지의학회(2011), 노화 방지 의학

또한 마이클 로이젠 외(2009)은 '14일간 내 몸 건강수명 늘리기'을 소개하면서 행동을 통해 습관으로 만드는데는 2주일이 필요하다고 했다.

<표 3-7>건강 수명 늘리기

실천 사항	내 용
하루 1만 보 걷기	하루 30분(약 3,000보)을 시작으로 1만 보를 목표
구강 관리	칫솔과 치실을 사용하여 구강 관리와 이성 관계를 위해서도 중요
수분 섭취	하루 5~6잔의 충분한 물을 섭취
적정 수면시간	7~8시간 수면을 확보하고 취침 전 세면, 양치질, 명상실행으로 수면 집중
명상	일 5분~15분 명상, 정신건강을 위한 재충전, 재집중을 통한 침묵시간 필요

출처: 마이클 로이젠 외(2009), 내 몸 젊게 만들기

01 목적 준비

02 계획수립

03 변화관리

04 목표설정

05 실행전략

06 전직성공

07 활용양식

08 부록

노화는 생체 나이를 판단하는 하나의 요소로서 노화도 판정은 자신의 노화 상태에 대한 인지적 판단을 하는 데 도움을 줄 것으로 생각된다.

<표 3-8>노화도 판정

문 항	예	아니오
1. 수면 중 3번 이상 화장실에 간다		
2. 책을 보면 눈앞이 뿌옇고 어른거려 오래 보기가 힘들다		
3. 예전에 비해 피곤하고 몸이 붓는다		
4. 과거 생각이 나고 자주 그때로 돌아가고 싶다는 생각이 든다		
5. 몸이 쑤시고 아픈데 원인을 잘 모르겠다		
6. 예전에 비해 기억력이 저하되었다		
7. 얼굴은 기억나는데 이름이 자주 떠오르지 않는다		
8. 계단을 오르내리기가 예전에 비해 힘들다		
9. 지난 일들이 자주 떠오른다		
10. 예술 감상을 해도 별 감동이 없다		
11. 사소한 일인데도 자주 화가 난다		
12. 언어 표현이 잘 생각나지 않고 느려졌다		
13. 외출 시 다리가 잘 붓는다		
14. 오랫동안 한 가지 일에 몰두하기가 힘들다		

※ 아니요, 라는 답이 나온 문항에 1점씩 가산하여 합산한다

아주 건강	건강	보통	불건강	극히 불건강
13~14	11~12	8~10	5~7	0~4

출처: 한국표준협회 은퇴연구회(2018), 성공적인 은퇴를 위한 생애 설계

(2) 재무

행복한 노후생활을 위해서는 적정한 노후 생활자금이 필요하다. 통계청 2022년 가계동향 조사에 따르면 우리나라 가계는 월평균 483만 원의 소득을 올리고 362만 원을 지출하는 것으로 나타났다. 국민연금 연구원에 따르면 우리나라 중장년 부부 기준(2023년) 매달 적정 노후 생활비로 평균 268만원이 필요하다고 한다. 지출 흐름은 은퇴 직후 일하던 기간과 생활비 수준이 비슷하지만, 이후에는 활동성이 줄어들어 지출 비용도 감소한다.

NH투자증권 100세 연구소에 따르면 노후 생활비는 70세까지 은퇴 전 생활비의 100%, 70~80세는 70%, 80세 이후에는 50%를 적용한다. 이 조사 결과를 생활 수준으로 비교하면 다음과 같이 정리할 수 있다.

<표 3-9>은퇴 후 월 생활비 예상액(2인 부부 기준, 2023)

수준	월 생활비	삶의 질에 대한 평가
기본적인 생활	220만 원	여가 생활비를 많이 마련하지 못해 도시에서는 취약한 은퇴 생활을 하게 됨, 농촌 생활에서는 표준적 생활이 가능함
표준적인 생활	270만 원	대도시에서는 보통 수준, 중소도시에 농촌에서는 여유로운 은퇴 생활이 가능함
여유로운 생활	320만 원	여유자금을 확보함으로써 다양한 여가생활이 가능하고 적극적인 건강관리로 신체 건강도 누릴 수 있음

출처: 한국표준협회 은퇴연구회(2018), 성공적인 은퇴를 위한 생애 설계

도시에서 표준적인 생활을 하는데 매월 270만 원 정도 지출된다. 만약 은퇴 생활 중에 병원 입원이나 치매로 장기간 요양병원에 입원할 경우 훨씬 많은 돈이 필요할 것이다. 이외에 추가적인 목돈 지출은 자녀 교육이나 결혼 등 추가 발생이 예상된다. 노후에 들어가는 지출 금액이 꽤 높음에도 불구하고 우리 국민들이 의존하는 대표적인 노후 수단인 국민연금 수령 금액은 아주 많은 차이가 난다. 국민연금 급여 지급 통계(2023.03)에 따르면 수급자 641만 명에게 지급되는 평균금액은 약 56만원 정도로 나타났다. 이 부족한 노후 생활비는 사적 연금(퇴직연금과 개인연금)이나 개인의 재테크에 의존할 수밖에 없다.

일반적으로 은퇴 설계의 기본은 3층 구조 노후 소득 보장 장치로서 연금자산의 확보에 따라 은퇴 생활에 대한 삶의 질이 결정된다. 직장인의 경우 은퇴 후 의지하는 생활수단은 국가가 운용하는 국민연금, 기업이 제공하는 퇴직연금, 개인이 직접 준비하는 개인연금 등 3가지가 있다. 국민연금은 연금 보험료를 10년 이상 납입하고 60~65세 사이에 지급받는 노령 연금, 유족 연금, 장애 연금, 분할 연금 등이 있다. 또 노령 연금은 국민연금 가입자가 가입 기간 10년 이상이면 만 60세부터 매월 지급하는 연금으로 가입 기간, 연령, 소득 활동 유무에 따라 완전 노령 연금, 감액 노령 연금, 재직자 노령 연금, 조기 노령 연금이 있다. 마지막 수단으로 사용할 수 있는 연금으로는 주택 연금과 농지 연금이 있다.

01 퇴직 준비
02 계획수립
03 변화관리
04 목표설정
05 실행 전략
06 전직 성공
07 활용양식
08 부록

다음은 은퇴 준비를 위한 자금 계획표는 삼성생명 은퇴연구소(2012) 자료를 기반으로 작성하였다.

나의 은퇴 준비계획표

1. 노후 생활비는 얼마나 생각하시나요?

월 ＿＿＿＿＿＿＿ 만원 ①

2. 의료비, 간병비는 얼마나 생각하시나요?

일시금 ＿＿＿＿＿＿＿ 원

3. 얼마나 준비했습니까?

준비	준비한 자금	월 연금액
국민연금		
기타 공적연금		
퇴직연금		
소득공제 연금 (개인연금)		
비과세 연금 (변액보험, 저축성보험)		
자산의 연금화		
합계		월 ＿＿＿＿＿＿＿ 만원②

01 퇴직 준비
02 계획수립
03 변화관리
04 목표설정
05 실행 전략
06 전직 성공
07 활용양식
08 부록

4. 부족한 평생 소득은 얼마입니까?

① - ② = 월 _____ 만원

5. 부족한 자금의 마련 방법은?

더하기	하고 있다	할 계획이다

줄이기	하고 있다	할 계획이다

6. 배우자 홀로 살 10년은 어떻게 준비할까요?

● 생활비 마련 _____

● 의료비 간병비 마련 _____

● 주거 계획 _____

(3) 직업(일)

퇴직 후 재취업은 청년층의 취업만큼이나 사회적 문제로 대두되고 있다. 인생 전반전의 직업은 조직 구성원의 한 사람으로서 성과와 결과 중심으로 자신을 평가받았다면 인생 후반전에는 경력 연장 또는 경력 재설계이든 자신이 행복하고 만족스러운 가치 중심의 시작으로 바라볼 필요가 있다. 즉 인생 후반전에서의 성공 시작은 일에 대한 인식 전환이다.

사회 환경 변화로 노동환경이 바뀌어 재(財)테크가 아닌 노(老)후 테크가 필요하며 앙코르 커리어 경력 관리 재모델이 필요한 시점이다. 그 배경에는 퇴직 후 가용시간이 직장에서 근무한 30여 년의 시간과 비슷하기 때문이다. 가용시간의 노력과 준비만이 은퇴 후 삶의 질을 결정한다. 특히 장수사회에서 누구에게나 다가올 수 있는 4대 리스크가 있는데 바로 고독, 무직, 질병, 빈곤이다.

이 리스크를 해결할 수 있는 방법의 하나가 바로 직업(일)이다. 직업이 사회관계를 유지하여 고독으로부터 관계를 회복시켜 주고 무직에서 오는 무료함과 생활의 무질서로부터는 일거리를 제공하여 행복한 노후를 제공한다. 또한 질병으로부터 오는 의료비용을 대비할 수 있으며 연금 자산을 준비하게 하여 노후에 돈이 없는 무전 리스크에서 벗어날 수 있게 해준다.

그렇다면 직업을 선택하는 방법에는 무엇이 있을까? 린다 크래튼(2014)는 첫째 가치 실현을 위해 일반적인 능력보다 유연한 전문 능력(Serial Mastery) 둘째 개인주의와 경쟁의 직장 생활보다 협업과 네트워크의 관계 셋째 일 형태에 대해 근무 조건이나 환경을 따지는 진부한 생각을 고집할 것인가 아니면 경험의 질이나 균형적인 삶을 살 것인가에 대한 선택이 필요하다고 주장했다.

<표 3-10>노화도 판정

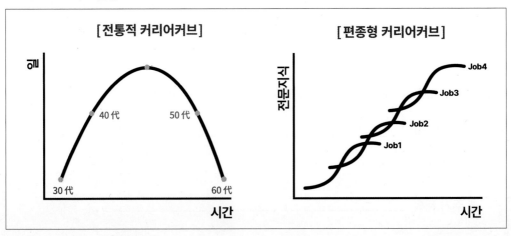

출처: 린다 크래튼(2014), 일의 미래

그러나 퇴직자인 경우에는 선택의 폭이 거의 없다. 퇴직 후 진로는 전직이나 이직 또는 창업 그리고 반퇴나 은퇴로 가는 길이다. 전통적인 직업에서는 20~30대에 인기 있는 직업을 선택하고 50~60대에 승부를 내는 방법이었으며 과도기적 직업에서는 흥미와 소질에 노력이라는 법칙이 통하여 성공하는 방법이었다. 그러나 앞으로 직업은 편종형 경력 곡선으로 가치 구현을 목표로 소질과 역량을 검증하며 일하는 형태가 주류를 이룰 것이다 〈그림 3-10〉.

특히 직업에서 요구하는 핵심 가치로 무장된 가치가 인생의 목표이며 직업이 가치 실현을 위한 수단이라는 직업관이 도래하는 시대가 될 것이라 했다. 더구나 지금은 디지털 문명의 핵심 아이콘으로 등장한 스마트폰(Smartphone)과 호모사피엔스(Homo Sapiens)가 결합하여 포노 사피엔스 시대라는 신문화가 탄생하였다.

최근에는 은퇴 후에 적극적인 사회 활동이나 문화 활동을 즐기는 세대를 욜드(YOLD)세대라 하며 욜드(YOLD)는 Young과 Old의 합성어로 젊게 사는 시니어라는 신조어가 만들어졌다. 메조미디어 보고서(2022년)에 따르면 욜드(YOLD)의 특징은 친화적인 디지털 환경에서 적극적인 문화 활동을 한다. 또한 소중한 자신을 위한 건강관리에 온라인 시장에서 디지털 문화 활동에 높은 구매력을 나타냈다.

<표 3-10> 욜드(YOLD) 세대별 특성

연대	출생~1980년대	2000년대	2020년대	현재~미래
발달단계	청소년~청년기	성인 전기	성인 중기	노년기
인생 이슈	현대식 교육과정 수료, 고등교육 - 대학 진학률 증가	대학 졸업 후 대기업 취직, 결혼-출산	자녀 출가, 직장에서 퇴직	새로운 사회활동, 제2 라이프
사회 이슈	새마을 운동, 88올림픽	1인당 GDP 1만 불 달성 1997년 IMF 외환위기	100세 시대 도래, COVID-19 발생	4차 산업혁명
문화-산업 이슈	해외 대중문화 유입 해외여행 자유화	인터넷 보급, 2002년 월드컵, 삼성 애니콜 출시	스마트폰 보급, 유튜브 넷플릭스 확산	디지털 전환 가속화

출처: 메조미디어(2022), Generation Yong-Old Report

01 퇴직 준비
02 계획수립
03 변화관리
04 목표설정
05 실행 전략
06 전직 성공
07 활용양식
08 부록

현실 세계는 스마트폰으로 일상생활에 많은 부분을 활용할 수 있는 세상이 되면서 좋든 싫든 새 시대 새 문명의 변화에 적응할 필요가 생겼다. 그 결과 스마트폰 교육이 사회생활 유지에 필수적인 도구가 되었으며 새로운 직업으로도 발전하게 되었다.

즉 아날로그 감성과 디지털 이성이 필요한 듀얼 감성 시대에 새로운 문화 적응과 디지털 격차를 해소하기 위해 중앙 정부나 지방자치기관에서 스마트폰 활용교육 뿐만 아니라 스마트워크, 유튜브, SNS 마케팅 등 디지털 문해교육 등이 널리 진행되고 있다.

<표 3-12> 시니어 대상 디지털 교육

출처: D 기업 홈페이지

(4) 여가 및 취미

직장인에게 워라밸이 있다면 퇴직자에게는 여가밸이 있다고 한다. 그만큼 퇴직자에게 여가와 생활에서 균형이 있는 삶이 중요하다는 의미이다. 베이비부머의 세대에게는 가난이라는 아픈 마음을 기억하면서 일만 열심히 할 줄만 알지 시대가 변하여 여가를 즐기려 하니 할 수 있는 게 없다는 것이 현실이다. 이러한 의미로 볼 때 여가는 단순히 자유시간 이상의 의미를 지니고 있다.

① 여가 활동과 진단

퇴직 후 베이비부머들은 현역 시절 부모 부양, 자녀 양육, 주택 마련 등으로 취미나 여가 없이 열심히 일만 해왔던 세대라서 퇴직 후 많은 자유시간이 오히려 부담스러워지는 것이다.

문화체육관광부 〈2022년 국민 여가 활동 조사〉에 따르면 남녀 모두 전체 TV 시청(69.0%)이 가장 많으며 그다음으로 모바일 콘텐츠 시청(42.8%), 산책 및 걷기(42.1%), 잡담/통화하기(40.3%), 인터넷 검색(36.5%), 쇼핑/회식(24.8%), 친구 만남(24.1%), 게임(18.9%), 음악 감상(17.2%), 낮잠(12.3%) 순으로 나타났다. 연령대로 살펴보면 30대 이후부터는 TV 시청, 10~20대에는 모바일 콘텐츠 시청이 가장 많이 나타나 우리나라 국민들의 여가 활동은 매우 소극적이며 편중 현상이 심하다는 것을 알 수 있다.

<표 3-12> 국민 여가 활동 조사보고서

		TV 시청	모바일 콘텐츠 시청	산책 및 걷기	잡담/ 통화 하기	인터넷 검색	쇼핑 /외식	친구 만남	게임	음악 감상	낮잠
	전체	69.0	42.8	42.1	40.3	36.5	24.8	24.1	18.9	17.2	12.3
성별	남성	65.8	45.7	35.7	33.9	38.4	19.0	23.8	27.2	14.6	10.3
	여성	72.2	39.9	48.5	46.8	34.6	30.6	24.4	10.6	19.7	14.3
연령대	15-19세	32.0	63.0	13.4	47.3	53.0	11.0	33.9	58.0	33.5	5.9
	20대	36.6	60.6	20.5	37.4	48.9	21.5	32.3	44.8	29.7	4.3
	30대	58.4	58.1	28.3	41.1	46.3	26.5	20.5	29.2	22.0	5.8
	40대	72.5	52.9	37.1	38.5	44.2	29.0	17.0	14.3	16.8	6.5
	50대	80.4	41.0	45.4	41.1	37.4	25.6	19.1	8.3	12.5	9.3
	60대	86.4	22.2	60.4	42.6	23.5	25.9	25.4	3.1	9.6	16.3
	70세 이상	93.4	7.0	77.4	39.1	5.8	23.7	30.6	0.4	6.1	40.9

출처: 문화체육관광부, 『2022 국민 여가 활동 조사』

여가 활동의 분류는 그 분류에 따른 의미를 지니고 있다. 여가는 일상적 여가(Casual Leisure)와 진지한 여가(Serious Leisure)로 나누며 일상적 여가는 TV 시청이나 산책, 낮잠 등을 말하며 진지한 여가는 적극적이고 계획적인 여가로서 자격증을 취득하거나 교육 활동 및 전문 자원봉사 활동에 활용하는 경우이다.

일상적 여가가 단시간의 즐거움을 제공하지만, 진지한 여가는 장시간 지속적인 만족감을 주어 퇴직 후 소속감에 보완적 기능을 할 수 있으며 여가에 대한 특별한 의미를 지니고 있기도 하다(서울경제, 2013년 04. 17 기사 중에서). 더불어 간단한 여가 진단을 통해 여가 선호를 파악하는 것도 여가 활동에 도움이 될 것이다.

- 국민연금 노후 준비 진단센터 → 진단 상담 서비스 → 자기진단 → 여가 활동 진단
  ➡ 사이트 주소: https://csa.nps.or.kr/self/leisure.do

② 여가 정보 활용

문화체육관광부 여가 활동 조사의 활동 유형 분류에 따라 여가 활동 정보 탐색에 참조할 수 있는 정보들을 정리하였다.

문화 예술/공연/관람	
서울 문화 포털	https://culture.seoul.go.kr/culture/main/main.do
서울 관광재단	https://www.sto.or.kr/privacy
문화 포털	https://www.culture.go.kr/index.do
오픈갤러리	https://www.opengallery.co.kr
타임티켓(대학로 연극)	https://timeticket.co.kr
실버 영화관	https://bravosilver.org
낭만 극장	https://xn--3i0b74cf9lgno.com
안산시 명화극장	http://myounghwacinema.org
천안 인생극장	https://xn--3i0b617a6gd9tcrg75y.org
부산문화 포털	https://busandabom.net/index.nm
대구학생문화센터	https://www.dge.go.kr/dccs/main.do
울산 문화 관광재단	https://www.uacf.or.kr/main.mo#
광주시 문화재단	https://www.nsart.or.kr/index.do
대전 문화재단	https://artlife.dcaf.or.kr
제주인 놀다	https://www.jejunolda.com
여행/관광	
대한민국 구석구석	https://korean.visitkorea.or.kr/main/main.do
두루누비	https://www.durunubi.kr
한국 관광공사 고캠핑	https://gocamping.or.kr
국립공원 관리공단	https://www.knps.or.kr/portal/main.do
국립자연휴양림관리소	https://huyang.forest.go.kr/kfsweb/kfs
서울 여행 가이드	https://www.agoda.com
경춘전철	https://www.chuncheon.go.kr
농촌여행	https://www.greendaero.go.kr

자기 계발/취미

한국 방송통신대학 프라임 칼리지	https://prime.knou.ac.kr/prime/index.do
한국 폴리텍대학	https://www.kopo.ac.kr/index.do
한국형 온라인 공개강좌	http://www.kmooc.kr
한국기술교육대학원 능력개발원	https://hrdi.koreatech.ac.kr
나라 배움터	https://e-learning.nhi.go.kr
국가 평생학습 포털	http://www.lifelongedu.go.kr
서울시 50플러스 포털	https://50plus.or.kr/
경기도 평생학습 포털	https://www.gseek.kr/member/rl/main.do

자원봉사

1365 자원봉사 포털	https://www.1365.go.kr/vols/main.do
사회 복지 포털 더 나은 복지 세상	https://www.welfare24.net/index.html
코이카	https://www.koica.go.kr/koica_kr/947/subview.do
코피온	http://copion.or.kr
복지로	https://www.bokjiro.go.kr/ssis-tbu/index.do
신중년 사회공헌활동 지원 센터	http://www.seniormanse.org/main/index.html
KDB 시니어 브릿지 센터	http://www.seniorbridge.or.kr/
전국-퇴직 금융인협회	http://www.korfa.or.kr
서울특별시 자원봉사 센터	https://volunteer.seoul.go.kr/main.do
부산광역시 자원봉사 센터	https://www.busan1365.kr/
대구광역시 자원봉사 센터	https://dgvolunteer.co.kr/
인천광역시 자원봉사 센터	http://icvt.or.kr/
대전광역시 자원봉사 센터	http://djv1365.or.kr/
광주광역시 자원봉사 센터	http://www.gjplatform.kr/
울산광역시 자원봉사 센터	https://www.ulsan1365.or.kr/
세종특별자치시 자원봉사 센터	http://www.sjvc1365.or.kr/
제주특별자치도 자원봉사 센터	https://www.jejusi1365.or.kr
강원특별자치도 자원봉사 센터	https://kwcsw.or.kr/
한국 자원봉사 센터 협회	http://www.kfvc.or.kr

프리랜서

탤런트 뱅크	https://www.talentbank.co.kr/
크몽	https://kmong.com/
이랜서	https://www.elancer.co.kr/
숨고	https://soomgo.com/?from=logo
탈잉	https://taling.me/
리브릿지(글로벌 공유 플랫폼)	https://libridgeglobal.com/
재능 플랫폼	https://www.jaenung.net/

01 퇴직 준비

02 계획수립

03 변화관리

04 목표설정

05 실행 전략

06 전직 성공

07 활용양식

08 부록

사회적경제 기업	
사회적기업 진흥원	https://www.socialenterprise.or.kr
협동조합	https://www.coop.go.kr/home
마을기업	https://www.mois.go.kr
자활기업	http://www.kjea.or.kr
기타	
내 고장 알림이	https://www.laiis.go.kr
대한민국 귀농 · 귀촌 지원센터	https://www.greendaero.go.kr/
아름다운 이야기 할머니	https://storymama.kr
생활체육 정보 포털	https://portal.sports.or.kr

(5) 주거

송양민 외(2014)는 장수 시대의 주거는 AIP(Aging in place)로 인식이 바뀌면서 생애주기에 맞는 단계를 활동기, 회고기, 남편 간병기, 부인 홀로 생존기, 부인 간병기라는 5단계를 거치면서 변화한다고 했다.

<표 3-13> 생애주기 주거개념

생애주기	연령대	단계 특징	주거 특징
활동가 회고기	50~80대 초중반(남편)	활동한 사회활동과 자아 실현 활동을 전개	사회로부터 격리되지 않은 곳에서 공동체 생활을 유지하는 것이 중요
남편 간병기	80대 후반 (남편)	병원에 주기적으로 출입하면서 부인이 간병	부인의 간병 활동에 불편하지 않은 유니버설 디자인으로 개조된 주거시설 필요. 배우자 간병이 제한 경우 요양시설 활용
부인홀로 생존기	남편 사별 후 (5~7년간 부인 홀로)	남편 사별 후 부인 홀로 사는 독신가구로 변함	좋은 공동체 활동이 가능해서 외롭지 않은 주거환경을 가져야 함
부인 간병기	사망 직전 3년간(부인)	사망 전 수년간 간병상태를 지내게 됨	재가 요양시설이나 요양시설이 잘 갖추어진 곳이 필요

출처: 송양민 외(2014), 100세 시대 은퇴 대사전

또한 퇴직 이후 주거 문제는 심리적 불안과 함께 소득 크레바스(Crevasse)라는 현실적 문제가 직면해 있다. 잘 짜인 노후 준비금을 갖고 있는 일부 사람을 제외하고 대부분의 사람은 경제적인 문제를 해결하기 위해 다시 재취업이라는 생각을 갖고 취업시장으로 눈길을 돌리고 있다. 고령자의 경제활동 증가는 부족한 노후 자금, 현역 대비 줄어든 수입을 보충하기 위한 소득 활동, 자아실현을 위한 안정된 은퇴 계획 등 서로가 밀접하게 관련되어 있기 때문이다.

01 퇴직 준비

02 계획 수립

03 변화 관리

04 목표 설정

05 실행 전략

06 전직 성공

07 활용 양식

08 부록

(가) 전원 생활

농촌에서 태어난 퇴직자일수록 어린 시절 시골에 대한 향수를 짙게 가지고 있다. 그러나 시골 생활이 꿈이 아닌 현실이라는 인식을 강하게 가질 필요가 있다. 통계청(2023.06) 발표 자료에 의하면 귀농 가구(2022년 기준)는 시도별로 경북이 2,530가구(20.4%)로 가장 많았으며 전남(1,966가구), 충남(1,562가구), 경남(1,502가구) 등의 순으로 나타났다.

<표 3-14> 고령층 경제 활동상태

(단위: 천명, %, %p)

	2022.5			2023.5			증감		
	고령층	55~64세	65~79세	고령층	55~64세	65~79세	고령층	55~64세	65~79세
<전체>	15,098	8,242	6,856	15,481	8,302	7,179	384	61	323
• 경제활동인구	8,972	5,905	3,067	9,321	6,014	3,307	349	109	240
- 취업자	8,772	5,762	3,010	9,120	5,879	3,241	349	117	232
- 실업자	200	143	57	201	136	65	1	-7	8
• 비경제활동인구	6,126	2,337	3,790	6,161	2,288	3,872	35	-49	83
• 경제활동참가율	59.4	71.6	44.7	60.2	72.4	46.1	0.8	0.8	1.3
• 고용률	58.1	69.9	43.9	58.9	70.8	45.2	0.8	0.9	1.3
• 실업률	2.2	2.4	1.9	2.2	2.3	2.0	0.0	-0.2	0.1

출처: 통계청(2023.05), 경제활동인구 조사

<표 3-15> 시도별 귀농가구

(단위: 천명, %, %p)

구분	전국	부산	대구	인천	울산	세종	경기	강원	충북	충남	전북	전남	경북	경남	제주
2021년	14,347	26	71	170	108	90	1,281	1,015	1,068	1,800	1,507	2,564	2,710	1,689	248
	(100.0)	(0.2)	(0.5)	(1.2)	(0.8)	(0.6)	(8.9)	(7.1)	(7.4)	(12.5)	(10.5)	(17.9)	(18.9)	(11.8)	(1.7)
2022년	12,411	23	62	114	73	78	1,172	929	942	1,562	1,216	1,966	2,530	1,502	242
	(100.0)	(0.2)	(0.5)	(0.9)	(0.6)	(0.6)	(9.4)	(7.5)	(7.6)	(12.6)	(9.8)	(15.8)	(20.4)	(12.1)	(1.9)
증감	-1,936	-3	-9	-56	-35	-12	-109	-86	-126	-238	-291	-598	-180	-187	-6
	(-)	(0.0)	(0.0)	(-0.3)	(-0.2)	(0.0)	(0.5)	(0.4)	(0.2)	(0.1)	(-0.7)	(-2.1)	(1.5)	(0.3)	(0.2)
증감률	-13.5	-11.5	-12.7	-32.9	-32.4	-13.3	-8.5	-8.5	-11.8	-13.2	-19.3	-23.3	-6.6	-11.1	-2.4

출처: 통계청(2023), 귀농어 · 귀촌인 통계

최근에는 귀농 귀촌 생활에 대한 부적응으로 역기능이 늘어나면서 4도 3촌 또는 5도 2촌 등 개인의 라이프 스타일에 맞춰 생활하고 있다 전원생활 유형은 노후 생활형, 전업형, 주말 전원생활형, 도시 출퇴근형, 폐교 활용형 등이 있다.

노후 생활형은 직장 은퇴 후 노후 생활을 농어촌에서 지내기 위해 이주하는 형태이다. 현재 운영 중인 전북 김제 노인 종합 복지타운, 경남 남해 귀향 마을 특구, 충남 홍성 은퇴 농장, 경기도 안성 미리내 마을, 강원도 홍천 아름다운 은빛 농장 등이 있다. 전업형은 도시에 살다가 농 · 어업 또는 2 · 3차 산업에 종사할 목적으로 농어촌으로 이주하는 것으로 농촌으로 내려가 직접 농사를 짓는 전업 형태이다. 귀농 정보제공기관은 귀농 · 귀촌 포털이나 농촌여행 웰촌 등이 있다. 주말 전원생활형은 도시에 거주하면서 농어촌 지역에 별도의 전원주택을 보유하면서 별장으로 이용하거나 농장으로 운영하는 형태이다. 일반적으로 주말농장으로 알려진 형태이다. 도시 출퇴근형은 생계 수단은 도시에 있으나 낮은 집값, 전원생활 향유 등을 목적으로 농어촌에 정주하면서 도시로 출퇴근하는 형태를 말한다. 폐교 활용형은 도시민의 농어촌 관광 수요 증가에 대비하여 농촌 민박, 농산물 현장 판매 등이 가능한 농촌관광을 경영에 접목하여 소득원을 확보한다(출처: 네이버 블로그).

귀농인들이 마을시민으로 사는 법

전공	과목		교육과정	진로
경제	마을 기업	마을 농장	친환경 농산물 생산사업(1차)	
		마을 공장	고부가 농식품 가공사업(2차)	
		마을 가게	로컬 푸드 등 도농 직거래 유통	
		마을 공원	도농 교류 체험관광 사업(3차)	
	마을 시장	마을 은행	노동력 매개 마을화폐 발행 및 거래 ➡ 대안 금융기관	
		마을 장터	현물, 상품, 인력(품앗이) 시장	
생태	마을 R&D 센터	마을발전소	태양광, 열, 바이오패스, 풍력, 지열 들 신재생 에너지 생산 및 활용	
		마을연구소	친환경 농사, 생태건축, 농촌 R&D 등 농업 및 농촌지역 연구 및 활용	
	마을 체험 캠프	마을 캠프	마을 체험, 농촌 체험, 마을공동체, 생활 체험 마을, 역사 문화체험 등	
		자연 캠프	생태 체험, 하천 체험, 경관 답사 체험 등	
교육	마을 학교	어린이학교	농·산촌 유학, 방과 후 학교 등 유소년~청소년 대상 대안교육 프로그램	
		어른 학교	교사학교, 지역학교 등 성인 대상 지도자 교육 프로그램	
	마을 학원	마음학원	마음 공상(명상, 생각 공간, 문학 등)	
		몸 학원	몸짓 공간(춤, 손짓 공간(공방, 그림) 소리 짓 공간(노래) 등	
문화	마을 생활원	마을 펜션	마을 식당, Café, 게스트하우스	
		마을 회관	마을공동 편의시설(빨래방, 찜질방, 목욕탕) 등	
	마을 문화관	마음문화관	마을 도서관, 마을 박물관, 마을 갤러리 등	
		몸 문화관	마을 공연장, 마을 출판/신문사 등	

출처: 정기석(2017), 귀농의 대전환

(6) 관계

지금 베이비부머의 세대는 이전의 세대와 달리 과거의 경험을 소환하여 소비하며 새로운 경험에 대해서도 도전적이고 열정적인 태도를 지니고 있다. 그리고 그 어떤 세대에서도 경험하지 못한 퇴직 이후의 긴 시간을 끊임없이 사람들과 만나고 헤어지는 연속적인 시간을 보내고 있다. 또한 유한한 인간의 생명이 다한 후에도 과거의 사람으로서 소환될 때는 시공의 한계를 뛰어넘는 존재로 다가오기도 한다.

인간이 죽으면 이름을 남기고 호랑이가 죽으면 가죽을 남긴다는 속담이 있지만 시대가 변하여 고인에 대한 그리움을 디지털 기술로 복원하여 내 일상에서 언제든지 함께 할 수 있는 세상이 되었다. 이처럼 기술의 발달이 시간을 초월하여 관계를 연결해 주는 세상으로 안내하면서 현시대를 살아가는 우리에게 인간관계의 의미를 새롭게 던져주고 있다.

미래에셋 은퇴 리포트(2016)에 따르면 은퇴 후 인간관계에 대한 보고서를 발표하였는데 그 내용을 살펴보면 시사하는 바가 크다〈그림 3-4〉. 퇴직 후에는 생활의 중심이 직장에서 가정으로 이동하면서 관계 변화에 성공한 은퇴자는 배우자에게 애정과 안정감을 자녀에게는 부모와 조부모로부터 보람을 친구 및 사회로부터는 교제의 즐거움과 자아 효능감을 얻는다고 했다.

<그림 3-4> 은퇴 후 4대 관계망

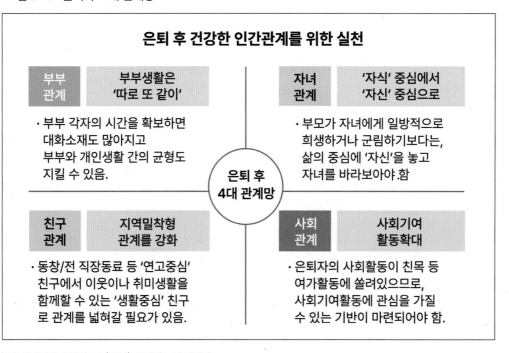

출처: 미래에셋 은퇴연구소(2016), 은퇴 후 4대 관계망

인간관계에 있어서 대표적인 감정의 언어는 "기쁨을 나누면 두 배가 되고 슬픔을 나누면 반절이 된다"는 말일 것이다. 그리고 인간관계는 다양한 형태를 보이면서 그 관계를 연결해 주는 기술은 단지 도구일 뿐이다. 또한 관계의 속성은 맹목적이 아닌 목적성을 띠면서 그 본질은 주고받는 교환의 성질이며 인간관계를 유지해 주는 것은 친밀함이라는 것이다.

하버드대 교수인 탈 벤 사하르(2018)는 인간관계에서 친밀함을 키우기 위해서는 서로를 알아가는 소통과 공통의 관심사를 함께하며 상대에게 의미 있고 즐거운 활동을 하면서 시간을 보내는 것이 친밀함을 깊게 해준다고 했다.

01 토직준비

02 계획수립

03 변화관리

04 목표설정

05 실행전략

06 전직성공

07 활용양식

08 부록

소통 지수 자가 진단

(출처: 한국표준협회 은퇴연구회(2017), 성공적인 은퇴를 위한 생애 설계)

다음의 질문에 대해 항상 그렇다(5점), 대체로 그렇다(4점), 보통이다(3점), 대체로 그렇지 않다(2점), 전혀 그렇지 않다는(1점)것에 표시한 뒤 나의 소통 지수를 진단해 보세요.

내 용	점 수				
	5	4	3	2	1
1. 다른 사람과 만날 때 상대방과의 차이를 인정한다.					
2. 상대방에 대해 알고자 노력한다.					
3. 상대방의 심정과 생각을 이해하고자 노력한다.					
4. 자기에 대해서 상대방에게 격의 없이 질문하는 편이다.					
5. 말하기보다는 상대방의 이야기를 듣는 편이다.					
6. 상대방의 이야기를 진지하게 듣는 편이다.					
7. 사람을 만날 때 의상과 외모에 신경을 쓴다.					
8. 말할 때 상대방을 설득하기 위해 제스처를 쓴다.					
9. 이야기를 할 때 가급적 상대방의 눈을 마주친다.					
10. 상대방에게 부드러운 표현을 쓴다.					
11. 상대방에게 막힘없이 많은 이야기를 할 수 있다.					
12. 다른 사람의 이야기를 사례로 많이 인용한다.					
13. 말할 때 조리 있고 짜임새 있게 이야기한다.					
14. 말할 때 이야기 주제가 명료하다.					
15. 말할 때 주제가 논리적이고 근거 있는 이야기를 한다.					
16. 자기주장을 반복해서 상대를 설득한다.					
17. 상대방에게 자기만의 매력을 보이려고 노력한다.					
18. 사람을 만날 때 타인을 배려하는 매너가 있다.					
19. 누군가를 만났을 때 상대방에게 집중한다.					
20. 상대방에게 하는 자기 말과 행동이 일치한다.					

진단 결과

점수	평가	평가 내용
90점 이상	소통의 달인	어떤 상황에서도 상대방과의 차이를 인정하고 소통한다. 상대방의 의견을 경청하고 상대방을 최우선으로 하여 소통한다
80~89점	원활한 소통	친화력이 있고 타인에게 좋은 사람으로 인정받으며 매사에 소통하고자 한다
70~79점	평범한 소통	소통의 중요성을 인식하고 있다. 그러나 자신의 이익에 결부되면 일방적으로 상대를 설득한다
50~69점	일방적 소통	소통을 자신의 주장이 관철되는 것으로 이해한다. 그것이 소통이라고 생각하고 상대에게 잘 집중하지 않는다
50점 미만	불통	타인과 차이를 인정하지 못하며 자신의 의견도 전달하지 못하고 인간관계도 잘 맺지 못한다

01 목적준비

02 계획수립

03 변화관리

04 목표설정

05 실행전략

06 전직성장

07 활용양식

08 부록

❶ 부부관계

경기도 가족여성연구원(2015) 연구에 따르면 결혼에 대한 가치관의 변화는 결혼 생활에 변화를 주며 그 변화가 사회 변화의 인식에서도 잘 나타나고 있다.

<표 3-16>배우자 은퇴로 인한 변화 인식

구분	매우 그렇다	그런 편이다	보통이다	그렇지 않은 편이다	전혀 그렇지 않다	평균 (표준편차)
경제적 어려움을 겪고 있다	8(7.1)	37(32.7)	38(33.6)	30(26.5)	—	2.8(.92)
배우자의 건강이 좋아졌다	3(2.7)	34(30.1)	34(30.1)	32(28.3)	10(8.8)	3.11(1.02)
배우자가 할 일이 없어서 시간 보내는 것이 문제가 된다	14(12.4)	28(24.8)	38(33.6)	28(24.8)	4(4.4)	2.84(1.07)
배우자의 가족 내 지위가 낮아졌다고 느낀다	5(4.4)	30(26.5)	36((31.9)	35(31.0)	7(6.2)	3.08(1.00)
가족과 보내는 시간이 많아져 가족관계가 좋아졌다	4(3.5)	29(25.7)	47(41.6)	25(22.1)	8(7.1)	3.04(.95)
친구들과 만남 및 교류가 많아졌다	3(2,.7)	38(33.6)	45(39.8)	17(15.0)	10(8.8)	2.94(.98)
이웃이나 지역사회에서 할 일이 많아졌다	1(.9)	2.3(20.4)	57(50.4)	17(15.0)	15(13.3)	3.19(.94)
종교활동 참여가 많아졌다	7(6.2)	14(12.4)	48(42.5)	21(18.6)	23(20.4)	3.25(1.12)

출처: 경기도 여성가족연구원(2015), 은퇴 부부의 가족관계와 지원방안
주: 매우 그렇다 1점 ~ 전혀 그렇지 않다 5점의 평균 점수임

결혼에 대한 인식의 변화는 부부관계에서도 영향을 주며 무엇보다도 부부관계에서 최대 리스크는 황혼 이혼에 의한 가족 해체이다. 황혼 이혼의 가장 큰 원인은 길어진 수명으로 인한 라이프 사이클 변화에 기인한다. 가정에서 갈등과 마찰 현상들이 지속해서 이루어진다면 황혼 이혼에 이르게 되어 돌이킬 수 없는 상황으로 빠져들게 되는 것이다.

통계청(2022) 연령별 이혼 건수에 따르면 남자의 연령별 이혼율(해당 연령 남자 인구 1천 명당 이혼 건수)은 40대 초반이 1천 명당 6.9건으로 가장 높고 여자의 경우는 7.6건으로 가장 높다. 그러나 이혼 건수로는 60세 이상(1만 9천 건, 20.8%), 50대 초반(1만 5천 건, 15.9%), 40대 후반(1만 4천 건, 15.1%) 순으로 나타났다.

<표 3-17>남녀 해당 연령별 이혼 건수

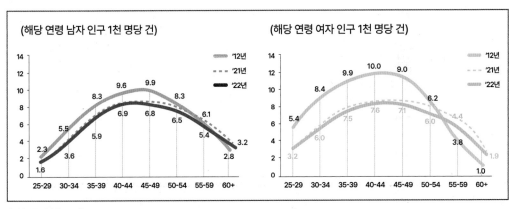

출처: 통계청(2022)

유순희(2017)의 황혼이혼 결정 과정에 관한 연구에 따르면 황혼이혼 결정 과정은 갈등 단계, 마음잡기 단계, 현실 적응 단계, 성장의 단계로 파악하면서 이혼의 원인을 첫째 잘못된 결혼 동기, 둘째 의사소통 셋째 사회적 지원 상담 부족, 넷째 가족지지 체계의 결여라고 했다.

또한 퇴직이 상시화되면서 우리나라에서도 배우자와 오랜 시간을 함께하는 것이 익숙하지 않아 은퇴 남편 증후군이라는 신조어도 등장했다. 은퇴 남편 증후군은 은퇴한 남편을 둔 부인이 집에 머무는 시간이 길어진 남편으로 인해 신경이 예민해지고 집안일로 마찰이 심해지면서 스트레스 지수가 높아져여기저기 온몸이 자주 아파지는 증상을 말합니다. 또한 남편들이 느끼는 은퇴 증후군은 치열한 사회생활에서 벗어난 은퇴 남편이 타인에 의해 무능하거나 의욕 없는 남편으로 여겨지면서 식욕도 없고 무력감과 허무감, 상실감 등으로 밤에 잠이 안 오는 현상을 말한다.

은퇴 증후군이라는 후유증의 이면에 직장과 같은 외부 활동에 전력을 다하여 살아왔다는 방증이기도 하다. 그들은 치열한 조직 경쟁에서 살아남기 위해 주변을 살펴볼 겨를도 없이 앞만 보고 살아온 세대이다. 또 조직에 적응하고 살아남기 위해서는 상명하복(上命下服)이 몸에 체득되어 있어 자연스럽게 가정에서도 경직된 행동이 나타나면서 가정에서도 종종 마찰이 발생하게 된다.

01 퇴직 준비

02 계획수립

03 변화관리

04 목표설정

05 실행 전략

06 전직 성공

07 활용양식

08 부록

① 행복한 부부관계를 위한 방법

퇴직 후 은퇴한 남편들은 사회적 지위와 경제활동의 역할을 상실하고 가정 중심의 활동으로 바뀌면서 퇴직 생활이 시작된다. 처음에는 여러 친구들도 만나고 평소에 못다 한 취미 생활을 즐기지만, 시간이 지날수록 하루의 여분 시간을 어떻게 보내야 할지 모르게 된다.

남편은 퇴직 후 많은 시간을 아내와 함께 지내고 싶어 하는 마음에 집에 있는 시간이 길어지면서 자연히 아내에 대한 의존도가 높아지고 요구 사항도 생겨난다. 아내의 입장에서는 배우자로서 책임감에서 벗어나려는 시기이며 자신만의 삶을 살고 싶어 한다. 지난 시절 못했던 시간을 친구들이나 커뮤니티 모임을 통해 실현하고 싶은 마음도 갖고 있다. 즉 남편과 자녀의 뒷바라지가 끝날 시기에 활동의 중심을 집안으로 가져온 남편과의 생활이 불편할 수밖에 없을 것이다. 이처럼 다른 생각과 현실에 대한 해소 방안으로 전문가들은 부부관계 재설정을 추천하고 있다.

대한민국 시니어 리포트(2014)에 따르면 부부관계 재설정의 정의는 가족관계의 파트너십이 아닌 파트너십으로 돌아가라고 제언하면서 바람직한 파트너십은 '따로 또 같이'를 제언하면서 은퇴 남편 십계명을 제시하였다.

은퇴 남편 십계명

① 점심 정도는 스스로 차려 먹어라.
② 식사 때 대화를 많이 시도하고 가벼운 집안일부터 거들어라.
③ 아내와 종일 얼굴을 맞대고 있지 마라.
④ 아내만의 공간을 인정하라.
⑤ 강아지처럼 하루 종일 아내를 따라다니지 마라.
⑥ 취미 생활을 가져라.
⑦ 두 달에 한 번은 아내와 여행을 떠나라.
⑧ 주 1회라도 밖으로 나가라.
⑨ 아내가 아플 때 아낌없이 위로하고 간호하라.
⑩ 무조건 아내를 칭찬하고 또 칭찬하라.

부부관계 진단 (출처: 중앙 노후 준비지원센타(2023) 재인용)

아래 내용을 확인하시고 항목별로 정도를 결정하신 후 해당 사항에 표시 ☑ 해 주세요.

① 전혀 아니다   ② 아니다   ③ 보통이다   ④ 그렇다   ⑤ 매우 그렇다

	질문 항목	답변 표시				
1	배우자와 함께 있으면 따뜻하고 편안하게 느껴진다	①	②	③	④	⑤
2	배우자를 행복하게 해주고 싶다	①	②	③	④	⑤
3	우리는 서로를 잘 이해하고 존중한다	①	②	③	④	⑤
4	나는 배우자를 정서적으로 지지해 준다	①	②	③	④	⑤
5	나는 배우자를 신뢰한다	①	②	③	④	⑤
6	배우자와 함께 있으면 행복하다	①	②	③	④	⑤
7	나는 배우자가 필요로 할 때면 언제든지 돕겠다	①	②	③	④	⑤
8	배우자에 대한 생각으로 가득 차 있다	①	②	③	④	⑤
9	배우자를 보는 것만으로도 즐겁다	①	②	③	④	⑤
10	다른 사람이 알지 못하는 우리만의 방식이 있다	①	②	③	④	⑤
11	배우자와 성관계를 많이 갖는다	①	②	③	④	⑤
12	배우자는 성적으로 매력적이다	①	②	③	④	⑤
13	내 삶, 나의 모든 것을 배우자와 나누고 싶다	①	②	③	④	⑤
14	배우자와 신체적으로 접촉하는 것이 즐겁다	①	②	③	④	⑤
15	우리의 관계는 영원할 것이다	①	②	③	④	⑤
16	어떤 어려운 일이 있어도 우리 결혼 관계를 유지하겠다	①	②	③	④	⑤
17	배우자가 곁에 없을 때도 배우자를 생각한다	①	②	③	④	⑤
18	배우자에게는 원칙적으로 충실해야 한다	①	②	③	④	⑤
19	남은 삶 동안 배우자만을 사랑하겠다	①	②	③	④	⑤
20	조만간 배우자와의 관계를 끝내게 될 것 같다	①	②	③	④	⑤
21	나는 배우자와 헤어질 것을 심각하게 고려하고 있다	①	②	③	④	⑤

자료: Sternberg의 사랑 삼각형 이론에 근거한 Acker Davis와 Todd(1985)의 Relationship Rating Form(RRF) 척도로 최혜경, 강진경, 신수진(2001)이 번안, 수정하여 사용한 문항을 재구성함

결과 해석

부부관계 진단은 부부(또는 연인)간의 애정 수준을 '친밀감, 열정, 책임감'이라는 3가지 관점에서 확인하는 것입니다.
- **친밀감 형성: 1번~7번 항목이 해당**
- **열정 진단: 8번~14번 항목이 해당**
- **책임감 진단: 15번~21번 항목이 해당**

② 자녀

장수 사회의 가족 관계에서 부부관계의 리스크가 황혼 이혼이라고 하면 자녀 관계는 노후 설계의 리스크일 것이다. 모든 부모는 사회생활을 하면서 자신의 성공 이상으로 중요하게 생각하는 것이 자녀들이 올바르게 성장하여 자신의 꿈을 이루는 성공일 것이다. 성장 단계 별로 지출되는 막대한 사교육비를 포함하여 학교 졸업 후 결혼 자금이나 주택 지원금 등 노후 준비금에서 생각 이상의 목돈이 빠져나가면서 여유 자금은 바닥이 난다.

한국보건사회연구원(2022) 한국 복지 패널조사 분석보고서에 따르면 소득 구분에 큰 차이 없이 부모 부양의 책임이 자식에게 있다는 의견 가운데 '매우 동의한다'가 3.12%, ' 동의한다'가 18.27%, 두 응답을 합치면 212.39%가 나왔다. '동의도 반대도 하지 않는다'라 는 응답은 29.47%, '반대한다'라는 응답은 41.86%, '매우 반대한다'가 7.28%로 절반 가까이 (49.14%)가 반대하는 것으로 나타났다.

<표 3-18>부모 부양의 책임은 자식에게 있다는 의견에 대한 동의 자녀에 대한 의존(단위%)

구분	전체	저소득	일반
매우 동의한다	3.12	3.42	3.07
동의한다	18.27	17.18	18.46
동의도 반대도 하지 않는다	29.47	28.66	29.61
반대한다	41.86	46.41	41.09
매우 반대한다	7.28	4.33	7.78
모름/무응답	0.00	0.00	0.00
계	100.00	100.00	100.00

출처: 한국보건사회연구원(2022), 한국복지패널조사 분석보고서

위 도표를 살펴보면 우리나라의 전통적인 부모 부양제도는 고령사회로 접어들어 갈수록 자녀에 대한 노후생활 의존도는 더욱 어려워질 것이며 장수사회에서는 부모와 자식이 함께 늙어가는 상황도 보여 질 수가 있다.

또한 통계청(2022년) 1인 가구 비중에 따르면 '21년 1인 가구 연령대는 29세 이하가 가장 큰 비중을 차지하였고 70세 이상이 18.1%, 30대 17.1%, 60대 16.4% 순서로 나타났다.

01 목적 준비
02 계획 수립
03 변화 관리
04 목표 설정
05 실행 전략
06 전직 성공
07 활용 양식
08 부록

<표 3-19>연령대별 1인가구

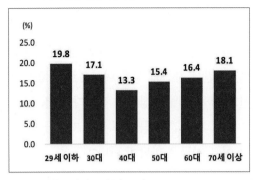
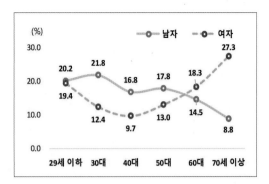

자료: 통계청, 1인 가구 비중(2022)

따라서 가족문화의 변화는 전통적 가족 문화의 와해와 사회적 연결망의 변화를 의미하며 결국에 노후의 삶은 자신이 스스로가 해결해야 한다는 것으로 귀결될 수가 있다.

01 퇴직 준비

02 계획수립

03 변화관리

04 목표설정

05 실행 전략

06 전직 성공

07 활용양식

08 부록

3 친구관계

친구 관계에서 빠질 수 없는 사자성어(四字成語)가 있다. 바로 관포지교(管鮑之交)이다. 누구나 살면서 벗에 대한 도리를 다하려는 친구가 있을 것이다. 우리에게 관포지교(管鮑之交)는 아니더라도 익자삼우(益者三友)를 지닌 친구들과 우정을 나누는 벗들이 있다.

익자삼우(益者三友)는 정직한 친구, 친구의 도리를 다하는 친구, 지식이 많은 믿음직한 친구를 말한다. 반면에 손자삼우(損者三友)라는 말도 있다. 말만 번지르르한 친구, 줏대 없이 착하기만 한 친구, 편향적인 친구를 말한다. 또한 서로 닮은 사람들끼리 모인다는 유유상종(類類相從)이라는 말도 많이 쓴다. 인맥을 중시하는 요즘 시대에 인맥을 넓히기 위해 다양한 커뮤니티를 찾아다니며 한 번 스며가는 명함이 명함집에 가득할 것이다. 명심보감(明心寶鑑)에 상식만천하 지심능기인(相識滿天下 知心能幾人)이라 했다. 서로 알고 지내는 사람은 많이 있되 마음을 아는 친구는 몇이나 되겠는가(조윤제, 2022).

허심탄회하게 이야기할 수 있는 친구를 갖는다는 것이 쉽지 않다는 이야기는 이 시대의 한 단면을 보는 것 같아 선인들의 지혜에 놀라움을 감출 수는 없지만 이 말이 크게 와닿는 것은 무엇 때문일까? 평소에나 또는 좋았을 때 그렇게 잘하던 친구가 뜻하지 않은 어려움이나 시련에 부딪혔다는 소식을 듣고서 그 소식을 애써 외면한다면 과연 그 상황을 어떻게 표현해야 할까?

지금이라도 친구로부터 전화 오기전에 먼저 연락해서 만나서 어울리고 함께하는 시간과 노력에 투자하자. 오래전에 존경하던 교수님이 정년 퇴임 전 마지막 강의 주제가 '만남'이었다. '우리 만남은 건전지나 꽃봉우리와 같은 만남이 아니라 손수건 같은 만남이다. 건전지는 수명이 다하면 용도 폐기하고 꽃봉우리는 잠시의 아름다움만 있을 뿐이며 손수건 같은 만남은 힘들면 땀을 닦아주고 슬픔은 눈물을 닦아준다'라고 말씀하셨던 기억이 난다.

평생을 직장에 전념한 사람들은 대인관계가 자연히 직장의 업무나 이해관계로 이루어졌다가 이직이나 보직 변경 등으로 관계가 약화하거나 끝나게 된다. 특히 퇴직이라는 인생의 큰 변곡점에서 직장과 관련된 인간관계는 갑을 관계에서 익숙한 관계가 친구처럼 동등한 관계를 지속한다는 것이 쉽지만은 않을 것이다.

반면에 여성들의 친구 관계는 서로에게 많은 시간을 투자하면서 공감하며 돌보는 정서적 연결 고리가 강하다. 그렇다면 지금부터라도 여성들의 정서적 연결고리처럼 인생을 함께할 친구를 만들 수 있는 적기가 퇴직 이후가 아닐까 싶다. 친구에게 먼저 전화하고 카톡하고 문자도 보내자.

우(友)테크 역량 진단

출처: 한국표준협회 은퇴연구회/2017

내 용	예	아니오
1. 어떤 경우에도 일일이 따지지 않는다		
2. 다른 사람에 대해 이 말 저 말 옮기지 않는다		
3. 주변에 아는 사람들과 살고 있다		
4. 사람들과 문제가 발생했을 때 대부분 양보한다		
5. 다른 사람의 의견을 대부분 수용한다		
6. 다른 사람들과 스킨십(인사, 악수, 가벼운 터치 등)을 자주 한다		
7. 자기 의견과 생각을 100% 관철하기 보다는 70% 정도에 만족한다		
8. 사람들과 자주 어울린다		
9. 실수나 잘못을 했을 때 변명하지 않고 바로 인정한다		
10. 술값이나 식대를 자주 내는 편이다		
11. 믿고 의지할 수 있는 든든한 선배가 있다		
12. 무엇을 하자고 해도 따라오는 든든한 후배가 있다		
13. 쓴소리를 마다하지 않은 냉철한 친구가 있다		
14. 여행하기 좋은 먼 곳에 있는 친구가 있다		
15. 어떤 상황에서도 내 편인 친구가 있다		
16. 언제라도 불러낼 수 있는 술친구가 있다.		
17. 에너지를 충전시켜 주는 친구가 있다		
18. 부담 없이 돈을 빌려주는 부자 친구가 있다		
19. 추억을 많이 공유한 친구가 있다		
20. 연애 감정 안 생기는 속 깊은 이성 친구가 있다		

※ Yes 답이 80%(16개 이상)는 되어야 우(友) 테크를 잘하고 있다고 할 수 있다. 오늘부터 우테크를 실천하자.

4 봉사

퇴직 이후 행복한 생활 가운데 하나는 자신이 하고 싶었던 일을 시간에 구애 없이 자유롭게 할 수 있다는 것이다. 일반적으로 봉사활동이나 사회공헌 활동을 한다고 하면 시간적으로나 경제적으로 여유가 있는 사람들만이 한다고 생각한다. 인생의 전반전이 자신의 목표를 위한 삶이라면 인생의 후반기는 의미를 두고 사는 삶이다. 봉사활동은 자신이 갖고 있는 돈과 시간을 이웃과 나누는 행동이지만 돈이 없다면 시간을 나누면 된다. 또한 봉사활동(사회공헌활동)은 타인과 만남을 통해 자신을 재발견하고 인생의 의미를 느끼면서 행복감과 자존감을 높여준다. 더구나 봉사활동은 취업에 대한 유리한 환경에 노출되어 경제적인 소득뿐만 아니라 건강한 삶의 기회를 주기도 한다.

[사례-1] 중장년 지역사회 돌봄단 세부 사업별 운영계획

운영 기관	서울시 50+센터
사업 기간	2023년 3월 – 11월
참여 자격	재능과 강점 활용형 사회공헌활동 참여를 희망하는 중장년층
참여 방법	① 모집/선발 → ② 참여자 교육 → ③ 활동
사업 소개	- 중장년 강점을 활용한 사회공헌 활동으로 리더로서 활동 지원 - 자원봉사 전문기관과 자치구가 협력을 통해 지역문제 해결 - 기업후원 연계 중장년 재능기부 대상에 대한 지원 후원의 선순환
지원 내용	- 1365 자원봉사 시간 인증

사업명	돌봄 대상	주요 활동 내용	운영	인원
선배 시민 멘토단	청년	자립 준비 청년 및 1인 가구 청년 대상 1:1정서 지원, 생활 지원, 진로 멘토링 등의 활동	서부	75명
			중부	55명
한강 봉사 활동 인솔 리더단	환경	한강 생태환경회복, 개선 활동을 위한 리더단 활동	중부	60명
			남부	145명
노인 인지 케어단	노인	치매 예방 인지 활동 등 어르신 대상 프로그램을 통한 정서 지원, 전문 돌봄 활동	북부	175명
			서부	60명
			중부	30명
다문화 가족 멘토단	다문화 가족	결혼이주여성 및 국내 이주노동자 대상 한국어 회화 수업	서부	40명
행복한 학교 밖 선생님	아동	지역아동센터 이용 아동 대상 정서 지원 및 학습 지원, 놀이 지원 활동	중부	30명
			남부	30명
자치구 기반 지역사회 돌봄단	마을 노인	인지 놀이, 통증 요법 등 재능 나눔 정서 지원 활동	자치구 센터	300명

출처: 서울시 50플러스 포털(2023)

01 퇴직 준비

02 계획 수립

03 변화 관리

04 목표 설정

05 실행 전략

06 전직 성공

07 활용 양식

08 부록

02 시간 관리와 스트레스 관리

1 시간 관리

우리는 모두 주어진 똑같은 하루의 24시간 안에 산다. 누구에게는 충분하지만 누구에게는 충분하지가 않다. 그 차이는 주어진 시간을 어떻게 사용하느냐 하는 것이며 그 방법은 주도적 시간 관리 방법에 따라 목표 달성에 효율적으로 접근하게 한다. 다음은 김대규 외(2019)의 시간 관리 매트릭스 활용 방법을 소개하고자 한다.

<표 3-1> 시간 관리 매트릭스 활용

	1. 중요하고 긴급한 영역	2. 중요하지만 긴급하지 않은 영역
상	(Ⅰ) 사분면 - 당면한 위기 - 당면 문제 - 마감 시간 임박 프로젝트 - 중요한 회의, 긴급한 보고 　일반적 : 25%~30% 　모범적 : 20%~25%	(Ⅱ) 사분면 - 명상과 사색, 계획 구상 - 재충전 - 필요한 휴식 - 자기 계발(독서, 공부) 　일반적 : 10% 　모범적 : 50%~60%
	3. 긴급하지만 중요하지 않은 영역	**4. 긴급하지도 중요하지도 않은 영역**
중요도 / 하	(Ⅲ) 사분면 - 불필요하나 응답해야 하는 전화, 이메일 - 사람 만나기 - 사소하지만 바쁜 일 - 다른 이들의 사소한 문제 　일반적 : 45%~60% 　모범적 : 15%	(Ⅳ) 사분면 - 시간 죽이기 - 컴퓨터 게임 - 지나친 휴식 - 불필요한 수다 전화 - 시간 낭비 활동 - 과도한 TV 활동 　일반적 : 10% 　모범적 : 2%~5%
	상　　　　　긴급도　　　　　하	

출처: 김대규 외(2019), 취업과 창업 알아 보기

시간 관리가 중요한 이유는 성공과 밀접한 관계가 있으며 그 이유는 목표 의식 때문이다. 효율적인 시간 목표 관리 방법은 첫째로 모든 일에는 순서와 차례가 있고 중요한 일이나 당면한 일부터 해야만 일을 효과적으로 달성할 수가 있다. 따라서 계획적인 시간 계획표를 짜야 한다.

둘째로 일상생활 속에서 신속한 결정을 요구하거나 사소한 일을 결정하지 못해 망설이는 경우가 종종 있다. 시간 활용 방법으로 결단력을 키울 수가 있다 셋째로 일의 우선순위를 정하게 되면 스케줄에 의한 시간 관리가 가능해져 시간 낭비를 줄일 수 있다. 넷째로 중요한 일정이 정해지거나 휴식 시간을 활용하는 과정에서 자투리 시간이 발생한다. 이 시간을 재충전이나 휴식시간으로 활용할 필요가 있다. 마지막으로 주어진 시간이나 기회는 다시 돌아오지 않는다. 시간의 중요성을 깨닫고 목표를 달성하기 위한 바람직한 시간 관리를 습관을 길들일 필요가 있다.

<그림 3-1> 아이젠하워식 시간 관리 메트릭스

	1. 중요하고 긴급한 영역	2. 중요하지만 긴급하지 않은 영역
상	즉시 처리해야 하는 일	중요하지만 순차적으로 진행해야 하는 일
	3. 긴급하지만 중요하지 않은 영역	4. 긴급하지도 중요하지도 않은 영역
중요도	시기성이 커서 어쩔 수 없이 처리하는 일	불필요한 일
하	상　　　　　긴급도　　　　　하	

출처: 쉬센장(2020), 하버드 첫 강의 시간 관리 수업

쉬센장(2020)은 시간관리 기법을 SMART 기법으로 소개하였다. 그 내용으로는 첫째 목표 설정을 하는 것이다. 목표는 S(Specific/구체적인) M(Measurable/측정할 수 있는) A(Achievable/달성할 수 있는) R(Relevant/관련 있는) T(Time-Bound/시간제한이 있는)을 특징으로 한다.

둘째로는 목표가 정해지면 일단 행동으로 옮기는 것이다. 목표가 인생에 미친 유명한 실험이 하버드대학 실험이다. 대학을 갓 졸업한 학생들에게 인생에 대한 연구 조사 결과 인생의 목표를 가진 13% 학생 가운데 3%의 학생들이 가진 재산이 20년 뒤에 97% 학생 재산보다 많았다는 실험 결과에 주목할 필요가 있다.

셋째는 실현할 수 있는 목표를 세우는 것으로 현실을 정확하게 인지하고 인생의 청사진을 그려볼 필요가 있다. 목표 구체화에 대한 도구로서 좌·우뇌를 활용한 자발적인 생각과 구체적인 형상으로 종이에 작성하는 것이다

넷째가 목표를 쪼개는 것이다. 목표를 구체적인 일로 쪼개서 우선순위로 정하고 일을 점검할 때 업무 순서 대로 배열을 한다

다섯째는 중요한 것과 급한 것에 우선순위를 정하는 것이다. 많은 사람들은 중요한 순서보다 쉬운 일이나 하고 싶은 일을 먼저 처리한다.

현대 경영학의 창시자인 피터 드러커는 자기 경영 노트에서 목표 달성을 위한 5가지 방안을 활용하도록 제안했다 즉 시간 관리, 목표 관리, 강점 활용, 우선순위 결정, 의사 결정 등 5가지 방안을 제시하였다. 특히 시간은 다른 자원으로 대체가 불가능하므로 시간을 활용하는 효율적인 방법으로써 시간 기록, 시간 관리, 시간 통합의 과정이 필요하다고 했다.

01 토익 준비

02 계획수립

03 변화관리

04 목표설정

05 실행 전략

06 전직 성공

07 활용양식

08 부록

② 스트레스 관리

(1) 스트레스의 기본적 이해

	좋은 스트레스(Eustress) • 적응하여 대처 기술을 높일 때 • 긍정적으로 작용하여 성취, 성공을 달성하게 하는 스트레스
	나쁜 스트레스(Distress) • 대처 능력이 벗어날 때 • 자신을 파괴하는 스트레스

스트레스라는 말은 누구나 말 한마디씩 할 정도로 대중화되어 있는 말이다. 일반적으로 우리는 불만족이나 짜증이 날 때 스트레스라고 말한다. 로버트 새폴스키(2009)는 스트레스 용어를 캐넌(W. B. Canon)이 의학계에 처음 사용하였으며 스트레스를 신체 항상성을 깨뜨릴 수 있는 외부 세계의 어떤 것을 말하며 스트레스 반응은 항상성을 재정립하기 위해 신체가 하는 일이라고 했다. 또한 그는 스트레스 반응을 설명하기 위해 투쟁과 도피(Fight or Run/Flight) 증후군을 고안했으며 스트레스의 성공적 건강을 항상성(Homeostasis) 능력이라고 했다.

변광호 외(2005)는 스트레스를 사회 환경적, 심리적, 생리적 반응들이 복합적으로 연계되어 있어 종합적 개념의 이해가 필요하다. 즉 우리 몸에 스트레스 반응을 일으키는 스트레스 원이 중추신경계에서 생리적 반응으로 유발되어 스트레스 호르몬을 분비하는데 이 호르몬이 여러 말초기관에 생리 반응 효과를 초래하는 일련의 정신 생리현상이라고 했다. 따라서 스트레스는 신체가 일상적인 활동을 하면서 상황에 따라 적응하는 신체 반응 방어 기제이다.

<표 3-2>스트레스에 의한 신체 증상

신체 부위	신체 증상
모발	탈모
피부	염증, 발진, 건선
호흡계통	알레르기, 천식
소화계통	위염. 궤양, 변비, 설사, 과민성 대장, 대장염
면역체계	감염, 감기, 궤양의 발생률이 높아짐, 암이나 다발 경화증 같은 심각한 질병에 취약
신경계통	집중력 저하, 기억력 감퇴, 정신 혼미
입	입술 헤르메스
심장혈관계통	심장 박동이 빨라짐, 고혈압, 심장발작 위험
근육	긴장, 뻣뻣함, 신경성 틱장애
생식기	생리불순, 성불감증, 발기부전, 조기사정, 성욕 감퇴

출처: TRIDENT Reference Publishing(2007), 자유아카데미

김동구(2010)는 스트레스가 장기간 지속되면 신체에 비특이적 반응이 일어나는데 이 반응의 총합이 일반 적응 증후군(General Adaptation Syndrome/GAS)이라고 했다. 일반 적응 증후군은 스트레스 반응이 경고단계(Alarm-reaction), 저항단계(Stage of resistance), 소진단계(Stage of exhaustion)으로 구성된다. 스트레스 변화적응 능력은 인체의 생리학적 반응에 기초로 하고 있으며 생리적 반응에 대한 인식을 개인이 파악하기가 어려워 심리학적 지표로 사용한다고 했다

그렇다면 일반적으로 퇴직 이후 겪게 되는 심리적인 변화〈표 3-3〉와 스트레스는 심리적 장애로서 의기소침, 자신감 상실, 무기력감 등을 들 수 있다. 반복적인 구직 실패, 상상 이상의 구직 경쟁률, 연령차별 등은 이들이 시간이 지날수록 조금씩 무기력감과 불안에 빠져들게 하고 있다.

<표 3-3>퇴직 후 심리 변화 4단계

심리적 반응	내 용
거부 단계	- 은퇴가 가져올 신체적 정서적 사회적 변화를 부정하려는 단계 - 은퇴의 긍정적인 측면을 부정하며 분노나 두려움 같은 내면의 감정을 억누름
우울 단계	- 직업 역할의 상실에 비애를 느끼고 의기 소침해지는 단계 - 과거를 후회하고 앞으로 일을 걱정하며 우울증에 빠지는 시기
분노 단계	- 주위 사람을 비난하고 몸담은 회사나 조직이 퇴직 과정에서 도움을 주지 않았다고 불행한 단계 - 배우자를 포함한 주위 사람들이 은퇴한 자신을 동정하고 심리적으로 지지해 주지 않는다고 불만을 토로
수용 단계	- 현실을 인식하고 새로운 계획을 세워 은퇴에 맞는 일상적인 활동을 시작하는 단계

출처: 우재룡, 민주영(2012), 행복한 100년 플랜

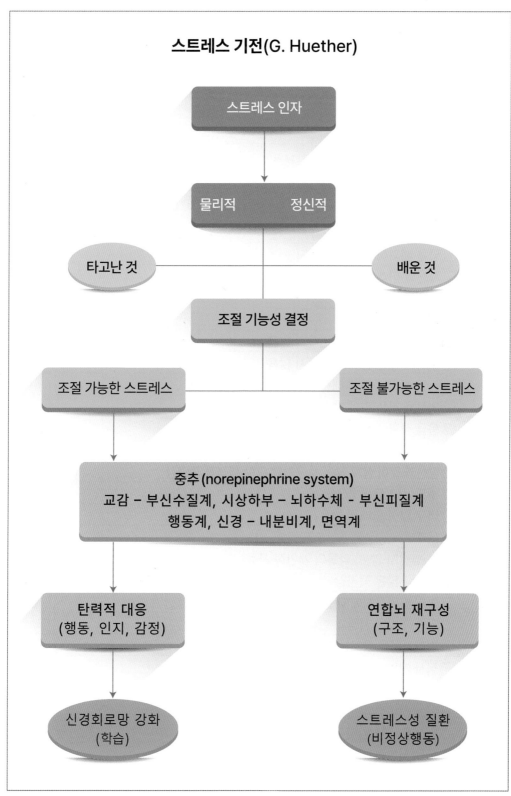

스트레스 기전(G. Huether)

스트레스 인자

물리적   정신적

타고난 것 — 배운 것

조절 기능성 결정

조절 가능한 스트레스 — 조절 불가능한 스트레스

중추(norepinephrine system)
교감 – 부신수질계, 시상하부 – 뇌하수체 – 부신피질계
행동계, 신경 – 내분비계, 면역계

탄력적 대응
(행동, 인지, 감정)

연합뇌 재구성
(구조, 기능)

신경회로망 강화
(학습)

스트레스성 질환
(비정상행동)

출처: 김동구, 연세대학교 평생교육원 스트레스 관리전문가 교육프로그램

01 토지 준비
02 계획 수립
03 변화관리
04 목표 설정
05 실행 전략
06 전직 성공
07 활용양식
08 부록

① 일상적 스트레스 척도(The Hassle Scale)

지시: 아래에 개인이 일상적으로 스트레스를 느낄 수 있는 사건들의 목록이 있습니다. 먼저 지난달에 당신이 경험한 일상적 스트레스들에 동그라미를 치세요. 그 다음에 당신이 선택한 문항의 오른편에 있는 숫자를 보고 각 스트레스가 얼마나 자주 일어났는지를 표시하세요.

(다소 1점, 중간 2점, 매우 3점)

번호	일상적 스트레스	얼마나 자주		
		다소	중간	매우
1	☐ 물건을 다른 자리에 두거나 잃어버림			
2	☐ 문제를 일으키는 이웃			
3	☐ 사회적 의무(예를 들 것)			
4	☐ 남을 배려하지 않는 흡연자			
5	☐ 자신의 미래에 대한 생각의 어려움			
6	☐ 죽음에 대한 생각			
7	☐ 가족의 건강			
8	☐ 의복에 대한 돈이 충분하지 않음			
9	☐ 주거에 대한 돈이 충분하지 않음			
10	☐ 돈을 빌리는 것에 대한 걱정			
11	☐ 외상을 하는 것에 대한 걱정			
12	☐ 응급 상황에 필요한 돈에 대한 걱정			
13	☐ 누군가가 당신에게 돈을 빌려 감			
14	☐ 당신과 같이 살지 않는 누군가를 위한 재정적 책임감			
15	☐ 수도, 전기등이 끊김			
16	☐ 너무 많이 담배를 피움			
17	☐ 음주			
18	☐ (처방받지 않은) 약물의 개인적 사용			
19	☐ 너무나 많은 책임감			
20	☐ 아이를 가질지에 대한 결정			
21	☐ 가족이 아닌 사람과 한집에 24시간 사는 것			
22	☐ 반려동물을 돌보는 것			
23	☐ 식사 계획 세우기			
24	☐ 인생의 의미에 대한 걱정			
25	☐ 쉬는 것이 어려움(문제)			
26	☐ 결정을 내리는 것이 어려움			
27	☐ 동료 직원들과 지내는 것에 대한 문제			
28	☐ 당신을 힘들게 하는 고객이나 손님			
29	☐ 집 유지(내부)			

30	☐ 직업 안정성에 대한 걱정			
31	☐ 은퇴에 대한 걱정			
32	☐ 일시 해고 또는 실직			
33	☐ 현재 업무를 좋아하지 않음			
34	☐ 동료들을 좋아하지 않음			
35	☐ 생활필수품을 사는데 돈이 충분하지 않음			
36	☐ 음식을 사는데 돈이 충분하지 않음			
37	☐ 너무나 많은 방해들			
38	☐ 기대하지 않은 손님			
39	☐ 시간이 너무나 많음			
40	☐ 기다려야만 함			
41	☐ 사고에 대한 걱정			
42	☐ 외로운 것			
43	☐ 건강 관리에 쓸 돈이 충분하지 않음			
44	☐ 직면해야 할 것에 대한 두려움			
45	☐ 재정적 안정성			
46	☐ 멍청한 실수들			
47	☐ 자신을 표현할 수 없었음			
48	☐ 신체적 질병			
49	☐ 거절당하는 것에 대한 두려움			
50	☐ 임신의 어려움			
51	☐ 신체적 문제에서 기인한 성적인 문제			
52	☐ 전반적인 건강에 대한 걱정			
53	☐ 사람들을 충분히 만나지 않음			
54	☐ 친구나 친척이 너무 멀리 있음			
55	☐ 식사 준비			
56	☐ 시간 낭비			
57	☐ 자동차 유지 관리			
58	☐ 서류 양식 채우기			
59	☐ 이웃의 수준 저하			
60	☐ 자녀 교육에 대한 자금 조달			
61	☐ 피고용인과 문제			
62	☐ 여성/남성이기 때문에 생기는 직업 문제			
63	☐ 신체적 능력 저하			
64	☐ 학대당함			
65	☐ 신체 기능에 대한 걱정			
66	☐ 물가 상승			
67	☐ 충분히 쉴 수 없는 것			

01 퇴직 준비
02 계획 수립
03 변화 관리
04 목표 설정
05 실행 전략
06 전직 상담
07 활용양식
08 부록

68	☐ 충분히 수면을 취할 수 없는 것			
69	☐ 늙어가는 부모와의 문제			
70	☐ 자녀와의 문제			
71	☐ 당신보다 어린 사람과의 문제			
72	☐ 애인과의 문제			
73	☐ 시력 또는 청력의 어려움			
74	☐ 가족에 대한 책임감으로 부담이 큼			
75	☐ 할 일이 너무 많음			
76	☐ 도전적이지 않은 일			
77	☐ 높은 기준을 충족시키는 것에 대한 걱정			
78	☐ 친구 혹은 지인과의 재정적인 거래			
79	☐ 직업 불만족			
80	☐ 직업을 바꾸는 결정에 대한 걱정			
81	☐ 읽기 쓰기 또는 철자법 능력에 대한 문제			
82	☐ 너무나 많은 회의			
83	☐ 이혼 또는 별거에 대한 문제			
84	☐ 숫자 계산 능력에 대한 문제			
85	☐ 뒷공론, 뒷담화			
86	☐ 법적인 문제			
87	☐ 체중에 관한 걱정			
88	☐ 당신이 해야 할 필요가 있는 일을 하기에 시간이 충분하지 않음			
89	☐ 텔레비전			
90	☐ 개인적인 에너지가 충분하지 않음			
91	☐ 내적 갈등에 대한 걱정			
92	☐ 무엇을 할지에 대해 갈등을 느낌			
93	☐ 과거 결정에 대한 후회			
94	☐ 생리 주기의 문제			
95	☐ 날씨			
96	☐ 악몽들			
97	☐ 출세하는 것에 대한 걱정			
98	☐ 사장 또는 감독자들로부터 오는 괴롭힘			
99	☐ 친구들과 어려움			
100	☐ 가족들에게 쓸 시간이 충분하지 않음			
101	☐ 교통수단의 문제			
102	☐ 교통수단에 쓸 돈이 충분하지 않음			

01 토지 준비

02 계획수립

03 변화관리

04 목표설정

05 실행 전략

06 전직 성공

07 활용양식

08 부록

103	☐ 놀이와 휴양을 위한 돈이 충분하지 않음			
104	☐ 쇼핑			
105	☐ 타인의 편견과 차별			
106	☐ 재산, 투자, 혹은 세금			
107	☐ 정원 또는 집 외관 관리			
108	☐ 뉴스에 나오는 사건에 대한 걱정			
109	☐ 소음			
110	☐ 범죄			
111	☐ 교통			
112	☐ 환경 오염			

■ 채점 결과

당신이 경험하는 일상적인 골칫거리의 수입니다. 그리고 일상적 스트레스의 강도 점수입니다.

선택한 항목 수 (　　　)　　　　　　척도의 총점 (　　　)

해석 지침

어느 시점에서든 전형적으로 대부분의 사람들은 25~30개의 일상적인 골칫거리를 경험합니다. 만약 당신이 그것보다도 더 많은 수의 일상적인 골칫거리를 경험한 다면 당신은 일상생활의 좌절되는 작은 사건들로부터 평균이상의 스트레스를 있 습니다.

만약 스트레스 점수가 골칫거리 개수보다 2배 이상이라면(즉, 골칫거리 개수X2 이상, 예를 들어 골칫거리의 수가 30개일 때, 60점 이상) 작은 좌절들로부터 오는 스트레스 반응을 조절하기 위해 전문적인 도움을 받을 것을 추천합니다.

심리상담소나 정신건강의학과를 방문하는 것이 좋은 해결책을 찾는데 도움이 될 수가 있습니다.

※ 출처: Anita DeLongis, James C. Coyne, Gayle Dakos, Susan Folkman, and Richard S. Lazarus, "Relationship of Daily Hassles, Uplifts, and Major Life Events to Health Status, "Health Psychology 1(1982):119-136/연세대학교 심리상담센터 홈페이지

(2) 스트레스 관리

스트레스 원은 우리 일상에서 발생하는 생활의 일부이다. 그러나 스트레스가 건강에 미치는 영향에 대해 말할 때는 스트레스원 점수로 확인한다. 스트레스의 결정은 스트레스원 – 스트레스 – 질병의 연속성으로 구성된다. 따라서 스트레스 관리는 스트레스 원인을 위한 기법이나 스트레스 반응을 줄이는 다양한 방법으로 접근이 가능할 것이다. 김금순 외 (2009)은 '효과적인 스트레스 관리는 전인적이고 다방면으로 이루어져야 하며 개인에 따른 상황이 달라 어느 것이 자신에게 잘 맞는지 느껴보는 것이다'라고 했다. 스트레스 관련 프로그램을 동서양 의학자에 의해 진행되는 프로그램을 소개한다면 다음과 같다.

[사례-1] 스트레스 완화 프로그램(8회기)

회기	목적	교육	실습(1시간)	숙제
1회기	한의학에서 보는 몸과 마음의 이해	한의학에 대한 이해	HRV 측정–긴장과 이완 상태에서 각각 1번씩 2회 측정	정신상태 변화 관찰, 자신에게 맞는 이완방법 찾기
2회기	이완훈련	이완의 중요성	근육이완법/자율이완법	이완훈련-근육이완법
3회기	호흡훈련	호흡의 중요성	각종 호흡법-일상에서 할 수 있는 호흡법	호흡법, 호흡이완법, 결합훈련법
4회기	마음, 정신의 안정 - 명상과 기공	마음과 정신을 안정시키는 법	기를 느끼는 작업-기공체조	명상, 기공체조
5회기	증상 느끼기	증산에 대한 몸과 마음의 관계 이해하기	증산의 표현, 기감 느끼기	기감 느끼기, 기의 순환
6회기	자신을 받아들이기	자신의 모습과 변화를 찾는 방법	자신의 과거, 현재, 미래 조망	기감 느끼기, 기의 순환
7회기	자신의 모습 발견하기	사상체질과 나	체질에 맞는 작업	체질에 맞는 작업
8회기	이상적인 건강한 상태를 찾아서	허심합도 (虛心合道)	건강한 자신	이완, 호흡, 기의 순환, 마음을 비우는 작업

출처: 김종우(2006), 한의학적 정신요법을 기반으로 한 스트레스 완화 프로그램

[사례-2] 스트레스 관리 전문가 프로그램

회차	제목	강의 내용
1	강의 개요/스트레스 신체 반응/스트레스와 성격	강의 진행과 회차별 내용/스트레스에 대한 신체적 반응과 이론적 내용/인체에 대한 스트레스 메커니즘과 성격적 반응
2	스트레스 워크샵	제목: 마음을 다스려 몸을 치유할 수 있는가?
3	스트레스 정신질환	스트레스 개요와 원인 및 평가, 스트레스 관리 전략
4	스트레스와 통합의학	건강과 질병의 새로운 개념
5	스트레스 지수 측정: 설문 및 심박 변이도	스트레스 설문과 스트레스 타입 ABCD 검사 스트레스 전략
6	직무 스트레스	직무 스트레스에 대한 진단과 관리 전략
7	스트레스 조형치료	색 에너지와 성질을 이용한 심리치료
8	영양 보충요법	스트레스 유발과 생리적 변화 그리고 영양 보충 필요성과 양
9	인지 행동치료	인지행동 치료의 기술훈련과 문제해결 방법
10	임상 미술치료와 스트레스	임상 미술 치료의 적용과 통합의학
11	음악 치료	다양한 음악치료 접근과 방법
12	운동 치료	스트레스 운동프로그램
13	자율 이완법/ 부양자(Caregiver) 스트레스	아우토비겐 수련 방법 부양자(Caregiver) 스트레스 관리
14	점진적 근육 이완법, 바이오/뉴로 피드백	점진적 근육 이완법 수련
15	마음 챙김 명상	호흡법과 명상 수련
16	종합 토의	스트레스 관리 리뷰

출처: 김동구(2010), 연세대학교 평생교육원 스트레스 관리 전문가 프로그램

01 목적 준비

02 계획수립

03 변화관리

04 목표 설정

05 실행 전략

06 전직 상담

07 활용양식

08 부록

03 자기 이해와 직업탐색

당신의 내면에 숨어 있는 '자신'의 '잠재력'을 찾아라!

합리적인 직업 선택은 자기 정보와 직업 정보를 결합하는 것이다. 전직 지원 역시 서비스의 궁극적인 목적은 전직 목표를 설정하여 성공적으로 목표를 획득하는 데 있으며 그 목표를 달성하기 위해서는 먼저 자기 이해에 충실할 필요가 있다. 더불어 자기 탐색은 자기 이해를 바탕으로 구인 구직시장의 정보를 파악하고 목표시장의 장단기 목표를 설정하여 자기 일에 적합하고 합리적인 결정을 내리는 과정이며 경력 관리의 첫 단추이기도 하다. 자기 이해는 자기다움을 찾아가는 첫걸음으로써 만족감 또는 행복감을 찾아가는 것이기도 하다. 다시 말해서 개인의 특성(성격), 자신이 잘하는 일(전문성), 좋아하는 일(흥미와 관심), 세상에 기여할 수 있는 일(가치) 등이 대표적인 자기 탐색 정보들이다. 개인의 특성은 그 자신만이 갖고 있는 종합적인 행동 양식이며 자기 자신이 잘하는 일은 무형의 모습과 유형의 모습으로 나타나 직업 시장에서는 자신만의 경쟁력으로 나타난다. 좋아하는 일은 어떤 활동이나 일을 통해 즐거움이나 보람을 느끼는 일을 의미하며 세상에 기여할 수 있는 일은 어떤 일에서 만족감을 느끼는 요소를 나타낸다. 따라서 자신의 이해를 위해서는 유·무형의 검사나 진단 방법을 활용하여 합리적인 정보를 획득할 필요가 있다.

1 조하리 창(Johanri' Windows)

분류		자기 인식	
		안다	모른다
타인 인식	안다	열린 창 (Open Area)	보이지 않는 창 (Blind Area)
	모른다	숨겨진 창 (Hidden Area)	미지의 창 (Unknown Area)

●조하리 창(Johanri' Windows) 진단지

아래 인간관계에서 나타날 수 있는 일반적인 행동양식이 기술되어 있습니다. 각 항목이 자신의 행동양식을 얼마나 잘 나타내는지 1~10점까지 점수로 나타내 주세요.

예) 그렇지 않다(1점), 약간 그렇다(2~4점), 그렇다(5점), 상당히 그렇다(6~9점), 매우 그렇다(10점)

No	문 항	그렇지 않다				그렇다		매우 그렇다			
		1	2	3	4	5	6	7	8	9	10
1	나는 잘 몰랐을 경우에는 이를 바로 인정한다										
2	나는 납득하기 어려운 지시를 받을 경우 지시한 이유를 물어본다										
3	나는 다른 사람의 잘못을 지적할 필요가 있을 때 직접 말한다										
4	내 의견에 대해 남들이 어떻게 생각하는지 물어본다										
5	내 느낌을 솔직하게 표현한다										
6	다른 사람의 감정을 존중한다										
7	나는 걱정거리가 생길 경우 터놓고 의논한다										
8	나 혼자 얘기를 계속하여 남을 짜증나게 하지 않는다										
9	내 잘못을 숨기거나 남의 탓을 돌리지 않는다										
10	나는 다른 사람의 충고를 잘 받아들인다										
11	내 잘못을 숨기거나 남의 탓으로 돌리지 않는다										
12	나는 다른 사람의 충고를 잘 받아들인다										
13	달가운 일이 아닐지라도 남들이 알아야 할 사항이면 알려준다										
14	남의 의견이 나와 다를 경우 내 생각을 말하고 함께 검토한다										
15	나는 말하기 거북한 내용을 거리낌 없이 말한다										
16	나는 변명하지 않고 비판에 귀를 기울인다										
17	나는 있는 그대로 나타내며 가식이 없는 편이다										
18	나에게 찬성하지 않는다고 남의 마음에 상처주지 않는다										
19	나는 확신하는 것을 굽히지 않고 말한다										
20	나는 다른 사람에게 그들의 생각을 말하도록 권한다										

번호	1	3	5	7	11	13	14	15	17	19	총점(S)
점수											
번호	2	4	6	8	9	10	12	16	18	20	총점(L)
점수											

출처: 서현주 외 3(2019), 취업지원서비스 제공을 위한 취업상담 매뉴얼.

01 퇴직 준비

02 계획수립

03 변화관리

04 목표설정

05 실행 전략

06 전직 성공

07 활용양식

08 부록

② MBTI 성격 유형 [1]

1) MBTI검사는 융(C G Jung)의 심리유형 이론을 바탕으로 인간에게는 각기 유사함과 다름이 있지만 차이를 어떤 공통된 특징에 따라 묶어서 분류하는 대표적인 비진단성 성격 유형검사이다.

(1)MBTI 성격유형검사

상반된 두 가지 유형을 읽고 자신에게 가장 적합한 내용에 'O', 아닌 것에 'X'를 체크하고 체크한 개수를 적어주세요.

외향성(Extraversion) vs 내향성(Introversion)

선호 지표	외향성(Extraversion)	내향성(Introversion)
키워드	주의 집중 - 외부세계와 사람	주의 집중 - 자기 내부세계와 반추
성향	외부활동에 적극성이 있는가? ( )	내부활동에 집중하는가? ( )
	폭넓은 다수의 대인관계를 갖는가? ( )	소수와 깊이 대인관계를 갖는가? ( )
	말로 표현하는가? ( )	글로 표현하는가? ( )
	소비하면서 에너지를 충전하는가? ( )	비축하면서 에너지를 충전하는가? ( )
	사교적인가? ( )	자신의 생각에 몰입하는가? ( )
	여러 사람과 동시에 대화하는가? ( )	1:1 대화를 즐기는가? ( )
	정열적이고 활동적인가? ( )	조용하고 신중한가? ( )
	경험한 다음에 이해하는 편인가? ( )	이해한 다음에 경험한 편인가? ( )
	타인에게 먼저 다가가는가? ( )	타인이 다가오기를 기다리는가? ( )
구분	외향성인가?(E) ( )	내향성인가? (I) ( )

감각형(Sensing) vs 직관형(INtuition)

선호 지표	감각형(Sensing)	직관형(INtuition)
키워드	오감(五感) / 주의 초점-지금, 현재	육감(五感) / 주의 초점-미래, 가능성
성향	실제적인 정보를 선호하는가? ( )	영감을 얻는 정보를 선호하는가? ( )
	사실과 현실성에 초점을 두는가? ( )	통찰과 가능성에 초점을 두는가? ( )
	세밀한 부분을 잘 감지하는가? ( )	전체적인 맥락을 잘 감지하는가? ( )
	구체적인 경험을 선호하는가? ( )	포괄적인 개념을 선호하는가? ( )
	현실 지향적인가? ( )	미래 지향적인가? ( )
	사실적 묘사를 선호하는가? ( )	비유적인 묘사를 선호하는가? ( )
	선례를 따르는 것을 선호하는가? ( )	새로운 시도를 선호하는가? ( )
	나무를 보려는 경향이 있는가? ( )	숲을 보려는 경향이 있는가? ( )
	관례와 전통을 중요시하는가? ( )	변화와 다양성을 중요시하는가? ( )
구분	감각형인가? (S) ( )	직관형인가?(N) ( )

사고형(Thinking) vs 감정형(Feeling)

선호 지표	사고형(Thinking)	감정형(Feeling)
키워드	관심 주제-일, 논리	관심 주제-사람, 관계
성향	원리와 원칙을 중요시하는가? ( )	의미와 영향을 중요시하는가? ( )
	분석과 분류를 선호하는가? ( )	조화와 연결을 선호하는가? ( )
	객관적인 판단을 선호하는가? ( )	주관적인 판단을 선호하는가? ( )
	논리적 과정을 중요시하는가? ( )	주관적 가치를 중요시하는가? ( )
	머리로 결정하는가? ( )	가슴으로 결정하는가? ( )
	원인과 결과를 중요시하는가? ( )	과정을 중요시하는가? ( )
	지적 논평을 선호하는가? ( )	우호적 협조를 선호하는가? ( )
	간단 명료한 설명을 선호하는가? ( )	정상 참작의 설명을 선호하는가? ( )
	옳다, 그르다가 중요한가? ( )	좋다, 나쁘다가 중요한가? ( )
구분	사고형인가? (T) ( )	감정형인가?(F) ( )

판단형(Judging) vs 인식형(Perceiving)

선호 지표	판단형(Judging)	인식형(Perceiving)
키워드	체계선호	자율선호
성향	정리 정돈과 계획을 선호하는가? ( )	상황에 따른 개방성을 선호하는가? ( )
	의지적으로 추진을 선호하는가? ( )	이해로 수용을 선호하는가? ( )
	분명한 목적의식을 중요시하는가? ( )	목적의 방향 변화를 중요시하는가? ( )
	분명한 방향감각을 중요시하는가? ( )	환경에 따른 변화를 중요시하는가? ( )
	통제와 조정을 선호하는가? ( )	융통과 적응을 중요시하는가? ( )
	결론 위주를 선호하는가? ( )	유유자적한 과정을 선호하는가? ( )
	원칙적 자기의사를 선호하는가? ( )	상황적인 자기의사를 선호하는가? ( )
	명확한 순서와 구조를 선호하는가? ( )	자연스러운 흐름을 선호하는가? ( )
	조직화된 생활양식을 선호하는가? ( )	유연한 생활양식을 선호하는가? ( )
구분	판단형인가? (J) ( )	인식형인가? (P) ( )

01 퇴직 준비
02 계획수립
03 변화관리
04 목표설정
05 실행 전략
06 전직 성공
07 활용양식
08 부록

(2)결과 분석

① MBTI의 4가지 선호 경향

외향(Extraversion) 외부 세계의 사람이나 사물에 에너지를 사용	에너지 방향 (Energy)	**내향(Introversion)** 내부 세계의 개념이나 아이디어에 에너지를 사용
감각(Sensing) 오감을 통한 사실이나 사건을 잘 인식	인식기능 (Information)	**직관(INtuition)** 사건, 사실 이면의 의미나 관계, 가능성을 잘 인식
사고(Thinking) 사고를 통한 논리적 근거를 바탕으로 판단	판단기능 (Decision Making)	**감정(Feeling)** 정서를 통한 사람과의 관계나 상황을 고려한 판단
판단(Judging) 외부 세계에 대해 빨리 판단 내리고 결정하려 함	생활양식 (Life Style)	**인식(Perceiving)** 정보 자체에 대한 관심이 많고 새로운 변화에 적응적임

② 16가지 성격유형 키워드

ISTJ 세상 소금형 한번 시작한 일은 끝까지 해내는 성격	**ISFJ 임금님 뒤 권력형** 성실하고 온화하며 협조를 잘하는 사람	**INFJ 예언자형** 사람에 관련된 통찰력이 뛰어난 사람	**INTJ 과학자형** 전체를 조합하여 비전을 제시하는 사람
ISTP 백과사전형 논리적이고 상황 적응력 뛰어난 사람	**ISFP 성인군자형** 따듯한 감성을 가지고 있는 겸손한 사람	**INFP 잔다르크형** 이상적인 세상을 만들어 가는 사람	**INTP 아이디어 뱅크형** 비평적인 관점을 가진 뛰어난 전략가
ESTP 수완 좋은 활동형 친구, 운동, 음식 등 다양한 활동을 선호	**ESFP 사교적인 유형** 분위기를 고조시키는 우호적인 사람	**ENFP 스파크형** 열정적으로 새로운 관계를 만드는 사람	**ENTP 발명가형** 풍부한 상상력으로 새로운 것에 도전
ESTJ 사업가형 사무적, 실용적, 현실적 일을 많이 하는 사람	**ESFJ 친선도모형** 친절, 현실감을 바탕으로 타인에게 봉사	**ENFJ 언변 능숙형** 타인의 성장을 도모하고 협동하는 사람	**ENTJ 지도자형** 비전을 갖고 타인을 활력적으로 인도

(3) MBTI 성격유형검사 결과지 해석

① 특징 ② 업무 스타일 ③ 선호직업 ④ 개발사항

01 퇴직 준비

02 계획 수립

03 변화 관리

04 목표 설정

05 실행 전략

06 전직 성공

07 활용 양식

08 부록

ISTJ 세상 소금형	ISFJ 임금 뒤편 권력형
① 한번 시작한 일은 끝까지 해내는 사람	① 성실하고 온화하며 협조를 잘하는 사람
② 체계적이고 규범과 절차를 따르는 스타일	② 세부적이고 치밀하며 반복을 요구하는 일을 인내심을 갖고 수행하는 스타일
③ 관리자, 회계사, 컴퓨터 종사자, 기능직 종사자	③ 교사, 의사, 간호사, 사회봉사자, 사서, 영양사
④ 변화와 가능성에 대한 개방적인 태도가 필요	④ 장기적 안목으로 미래를 바라보는 관점 필요

ISTP 백과사전형	ISFP 성인군자형
① 논리적이고 뛰어난 상황 적응력을 지닌 사람	① 따듯한 감성을 가지고 있는 겸손한 사람
② 손재주가 많으며 조직화 능력이 탁월	② 인간적 이해와 목적의식을 갖고 헌신과 적응력에 적합
③ 과학, 기계, 엔지니어, 법률, 경제, 마케팅, 판매, 통계 분야	③ 예술, 성직, 생산, 사회사업, 의료, 교직, 기능직
④ 인내심과 적극성을 키우고 타인과 감정의 나눔이 필요	④ 자신의 능력을 알리고 남에게 부정적 피드백을 주는 방법을 육성

INFJ 예언자형	INTJ 과학자형
① 창의력과 통찰력이 뛰어난 사람	① 전체적으로 조합하여 비전을 제시하는 사람
② 사람의 가치를 중요하게 생각하고 영감이 탁월함	② 자신의 영감과 목적을 실현하기 위해 행동과 사고가 독창적인 스타일
③ 목회, 심리학, 상담과 예술 및 문학 분야	③ 발명, 과학, 정치, 철학, 엔지니어
④ 현실을 그대로 수용하고 현재를 즐기는 노력이 필요	④ 남을 인정하고 비현실적인 아이디어를 포기하는 방법을 배울 필요

INFP 잔다르크형	INTP 아이디어 뱅크형
① 자신이 지향하는 이상적인 신념을 지님	① 비평적인 관점을 갖고 있는 뛰어난 전략가
② 새로운 아이디어와 호기심이 많고 통찰력과 긴 안목을 보는 스타일	② 지적 호기심이 높아 분석적이고 논리적이며 객관적인 비평에 능력을 발휘
③ 작가, 문학, 상담, 과학, 예술 분야	③ 순수과학, 연구, 수학, 경제, 철학, 심리학 분야
④ 사실과 자신 아이디어를 논리적으로 분석할 필요가 있음	④ 이론적이고 비판적이며 분석적 사고를 대인관계에 적용하는 관점을 지양할 필요

ESTP 수완 좋은 활동가형	ESFP 사교적인 유형
① 다양한 활동을 선호하고 오감을 즐기는 사람 ② 현실적인 것을 수용하고 예술적인 멋과 판단력을 지님 ③ 경찰직, 요식업, 신용조사, 건강, 건축, 레크리에이션, 분쟁조정가 ④ 물질의 즐거움보다 즐거움의 이면을 살펴봄	① 분위기를 고조시키는 우호적인 사람 ② 논리적 분석보다는 인간 중심의 가치에 따라 결정을 내리는 스타일 ③ 판매, 디자인, 교통, 엔터테인먼트, 비서 ④ 논리적 분석적 판단을 육성할 필요가 있으며 일과 생활의 균형이 필요

ESTJ 사업가형	ESFJ 친선도모형
① 사무적, 실용적, 현실적으로 일을 많이 하는 사람 ② 일의 목표를 설정하고 지시하며 결정권을 행사하는 타고난 관리 스타일 ③ 개인사업, 행정, 관리, 제조, 생산, 건설 분야 ④ 타인과 정서적인 측면을 고려할 필요	① 친절과 현실감을 바탕으로 타인에게 봉사하는 사람 ② 끈기와 성실성을 갖고 작은 일에도 순서를 따르며 인화를 중요하게 생각 ③ 미용업, 서비스업, 교사, 도우미, 사회복지 ④ 주위 사람 온정에 의해 만족과 기쁨을 받아들여 객관성을 키울 필요가 있음

ENFP 스파크형	ENTP 발명가형
① 열정적이며 풍부한 상상력과 순발력이 뛰어난 에너지 소유자 ② 자신의 열정으로 다른 사람들과 관계에 흥미를 갖고 도움을 제공 ③ 저널리즘, 광고, 판매, 작가 등 다양한 분야에서 재능을 발휘 ④ 다양한 관심보다 우선 집중 분야를 선별하는데 노력이 필요	① 풍부한 상상력을 갖고 새로운 것에 도전하는 사람 ② 문제해결에 뛰어난 재능을 갖고 있어 항상 새로운 가능성을 찾고 새로운 시도를 하는 성향 ③ 발명가, 과학자, 컴퓨터 전문가, 저널리스트 ④ 새로운 아이디어와 비전에 몰입하여 현재의 중요성을 고려한 계획이 필요

ENFJ 언변 능숙형	ENTJ 지도자형
① 타인의 성장을 도모하고 협동하는 사람 ② 타인의 의견을 존중하고 조화로운 인간관계를 지향하는 스타일 ③ 성직자, 상담사, 순수 예술가, 아동 교육종사자, 디자이너, 마케팅 전문가 ④ 인간관계에 끌려 과업을 소홀히 다루기 쉬움	① 비전을 갖고 사람들을 활력적으로 이끌어가는 사람 ② 새로운 지식과 아이디어에 관심이 많아 어떤 가능성을 추구하는 스타일 ③ 경영 컨설턴트, 변호사, 인사 및 노사 활동가 ④ 자신과 타인의 감정을 인정하고 이해하며 자신의 감정을 표현하는 방법을 고려할 필요

1) 위 내용은 김정택, 심혜숙의 16가지 성격유형 특성과 (주)한국MBTI연구소 성격유형 안내하기를 참고하여 정리하였음

01 퇴직 준비

02 계획수립

03 변화관리

04 목표설정

05 실행 전략

06 전직 성공

07 활용양식

08 부록

3 에니어그램 (Enneagram) 2)

다음 문항을 읽고 자신의 생각과 느낌을 점수판에 점수로 표시하면 됩니다.

전혀 아니다 1점	아니다 2점	보통이다 3점	그렇다 4점	매우 그렇다 5점

1. 나는 다른 사람들이 나를 성공한 멋진 사람으로 보길 원한다. (　)

2. 나는 올바르고 완벽을 추구한다. (　)

3. 나는 낙천적이고 모든 것에 재미를 추구한다. (　)

4. 나는 타인에게 도움을 주는 사람이다. (　)

5. 나는 낭만적이고 남들과 다르다. (　)

6. 나는 강하고 정의로운 사람이다. (　)

7. 나는 유능하고 말솜씨가 뛰어나다. (　)

8. 나는 친절하고 상냥하다. (　)

9. 나는 평온하고 느긋하다. (　)

10. 나는 지적이고 현명하다. (　)

11. 나는 섬세하고 민감하여 감정적으로 상처를 잘 받는다. (　)

12. 나는 자신감이 넘치고 추진력이 있다. (　)

13. 나는 잘못된 부분을 잘 발견하고 고쳐주고 싶다. (　)

14. 나는 급한 것이 없고 말과 행동이 빠르지 않다. (　)

15. 나는 분석적이고 요약을 잘한다. (　)

16. 나는 책임감이 강하고 성실한 사람이다. (　)

17. 나는 나만의 고유함을 추구한다. (　)

18. 나는 모든 상황을 주도하고 통제하고 싶다. (　)

19. 나는 사물의 원리를 알고 이해하고 싶다. (　)

20. 나는 타인의 욕구를 잘 알아차리고 충족시켜 주려 한다. (　)

21. 나는 모든 것을 알고 싶다. (   )

22. 나는 성취욕구가 강하고 경쟁적으로 일한다. (   )

23. 나는 즉흥적이고 새로운 아이디어가 풍부하다. (   )

24. 나는 평화로운 상태를 유지하고 싶어 갈등을 외면한다. (   )

25. 나는 우울하고 슬픈 감정에 빠질 때가 많다. (   )

26. 나는 주어진 역할에 충실하고 규칙을 잘 따른다. (   )

27. 나는 모든 일에 실수를 하지 않으려 노력한다. (   )

28. 나는 재미있기 위해 계속 다양한 계획을 세운다. (   )

29. 나는 중요한 사람이 아닌 것 같다. (   )

30. 나는 반복적이고 일상적인 삶을 살고 싶지 않다. (   )

31. 나는 자신과 남의 잘못을 비판하고 후회한다. (   )

32. 나는 정보나 물건을 모으고 수집한다. (   )

33. 나는 안전하고 확실한 것이 좋다. (   )

34. 나는 정보나 물건을 모으고 수집한다. (   )

35. 나는 상대방에게 칭찬과 호의를 베풀면서 친밀감을 형성한다. (   )

36. 나는 기발한 생각이 떠오르고 상상력이 풍부하다. (   )

37. 나는 일을 할 때 의심과 걱정이 앞선다. (   )

38. 나는 대의를 위해 싸우는 것을 겁내지 않는다. (   )

39. 나는 나의 욕구를 충족시키는 것은 이기적이라고 생각한다. (   )

40. 나는 심각한 상황을 피하고 즐거운 분위기를 만들려고 한다. (   )

41. 나는 실패도 성공을 향한 과정이라고 생각하고 금방 잊는다. (   )

42. 나는 약해 보이는 것이 싫다. (   )

43. 나는 원칙이나 질서를 지키지 않는 경우를 보면 화가 난다. (   )

44. 나는 문제가 생기면 시간이 해결해 준다고 생각한다. (   )

45. 나는 불확실한 것을 피하고 모험이나 도전을 좋아하지 않는다. (   )

46. 나는 화날 때 못마땅한 표정을 감추고 표현하지 않으려고 한다. (　　)

47. 나는 실수를 했을 때 임기응변에 능하다. (　　)

48. 나는 성공한 사람과 친분이 있는 것이 뿌듯하다. (　　)

49. 나는 스트레스를 받으면 멍해 지거나 잠을 잔다. (　　)

50. 나는 영화나 드라마 속 주인공처럼 느끼고 그 감정에 빠져 있곤 한다. (　　)

51. 나는 문제가 생기면 그 원인을 외부에서 찾는다. (　　)

52. 나는 내가 보낸 관심과 호의를 몰라주면 서운하다. (　　)

53. 나는 일이 생기면 생각할 혼자만의 시간과 공간이 필요하다. (　　)

54. 나는 남이 내 잘못을 말하면 도리어 큰소리를 친다. (　　)

55. 나는 매사에 걱정과 불안이 많다. (　　)

56. 나는 다른 사람에게 있는 것이 나에게 없다고 느껴질 때 우울하다. (　　)

57. 나는 완벽하지 않은 것에 죄책감을 느낄 데가 있다. (　　)

58. 나는 중요한 일이 생기면 끝까지 미루다가 나중에 한다. (　　)

59. 나는 어떤 일을 할 때 과정보다 결과를 중요시한다. (　　)

60. 나는 충동적이고 하고 싶은 것은 참기 어렵다. (　　)

61. 나는 세상을 살아가는 데 많은 것이 필요하지 않다. (　　)

62. 나는 타인을 도와주지 못할 때 마음이 불편하다. (　　)

63. 나는 나의 영역을 넓힐 때 강한 에너지를 느낀다. (　　)

64. 나는 업무 중이라도 감정에 빠져 있을 때가 있다. (　　)

65. 나는 모든 일을 정확하게 하려다 보니 늘 시간이 부족하다. (　　)

66. 나는 미리 준비하고 맡은 역할을 다한다. (　　)

67. 나는 일을 할 때 지시하고 주도적으로 행동한다. (　　)

68. 나는 내 일을 끝내지도 않고 다른 사람의 일을 도와준다. (　　)

69. 나는 느긋하게 쉬기가 어렵고 바쁘게 일 할 때 활력을 느낀다. (　　)

70. 다른 사람들은 나의 깊은 감정을 잘 이해하지 못한다. (　　)

01 토직준비

02 계획수립

03 변화관리

04 목표설정

05 실행전략

06 전직성공

07 활용양식

08 부록

71. 사람들은 가만히 있는 나에게 위압감을 느낀다. (   )

72. 나는 팀 활동보다 개인 활동을 더 선호한다. (   )

73. 다른 사람들은 나와 함께 있으면 긴장된다고 한다. (   )

74. 나는 상대방의 말을 잘 따라주고 수용적이다. (   )

75. 나는 주변의 칭찬과 부러움을 산다. (   )

76. 나는 타인의 시선을 의식하고 조심스럽다. (   )

77. 사람들은 나와 함께 있을 때 편안해 한다. (   )

78. 나는 따뜻하고 배려심이 많은 사람이다. (   )

79. 나는 정해진 일보다 창의적이고 자유로운 것이 좋다. (   )

80. 나는 언어표현이 직설적이거나 뒤끝은 없다. (   )

81. 나는 새로운 목표를 이루기 위해 항상 바쁘다. (   )

82. 나는 다른 사람에게 감정을 표현하기 어렵다. (   )

83. 사람들은 나를 분위기 메이커라고 한다. (   )

84. 나는 원칙을 잘 지킨다는 애기를 들을 때가 좋다. (   )

85. 나는 행동하기보다 관찰이나 책을 통해 더 많이 알아간다. (   )

86. 나는 상황파악이 되지만 상대방이 요청하기전에 먼저 하지는 않는다. (   )

87. 나는 감정 기복이 심한 편이다. (   )

88. 나는 결정하기 어려워 주변 사람에게 자주 물어보며 심사숙고한다. (   )

89. 나는 상처 준 사람이 사과를 하면 마음이 확 풀어진다. (   )

90. 다른 사람들은 나와 함께 있으면 재미있고 즐겁다고 말한다. (   )

3) 위 내용은 김진희(2016), 에니어 그램에서 발췌하였음

ECA Scoring Card(성인용)

	1	2	3	4	5	6	7	8	9
1									
2									
3									
4									
5									
6									
7									
8									
9									
10									
11									
12									
13									
14									
15									
16									
17									
18									
19									
20									
21									
22									
23									
24									
25									
26									
27									
28									
29									
30									
31									
32									
33									
34									
35									
36									
37									
38									
39									
40									
41									
42									
43									
44									
45									
유형									
소계									

퇴직자의 전직지원을 위한 재취업 가이드 · 취업편

	1	2	3	4	5	6	7	8	9
46									
47									
48									
49									
50									
51									
52									
53									
54									
55									
56									
57									
58									
59									
60									
61									
62									
63									
64									
65									
66									
67									
68									
69									
70									
71									
72									
73									
74									
75									
76									
77									
78									
79									
80									
81									
82									
83									
84									
85									
86									
87									
88									
89									
90									
소계									
총계									
유형									

에니어 그램(Enneagram)의 성격 유형 특성

유 형		내 용
1번 **개혁자**	키워드	이성적이고 이상적인 유형
	특징	원칙적이고 목표가 분명하며 자신을 잘 통제하고 완벽주의 기질
	장/단점	높은 인격과 이성을 가짐/완벽주의와 분노를 가짐
2번 **돕는 자**	키워드	사람들을 잘 돌보고 그들과 교류하기를 즐기는 유형
	특징	자신의 감정을 잘 드러내며 사람들을 즐겁게, 관대하나 소유욕이 강함
	장단점	치유의 힘과 너그러움/사람에 대한 소유욕과 아첨 기질
3번 **성취하는 사람**	키워드	성공 지향적이며 실용적인 유형
	특징	적응을 잘하고 뛰어나며 자신의 이미지에 관심이 많다
	장단점	비범함과 진실/성공과 지위를 맹목적으로 추구
4번 **개인주의자**	키워드	민감하며 안으로 움츠러드는 유형
	특징	표현력이 있고 극적이며 자기 내면에 빠져 있으며 변덕스럽다
	장단점	창조성과 직관력/우울증과 자의식에 몰입
5번 **탐구자**	키워드	이지적인 유형
	특징	지각력이 있고 창의적이며 혼자 있기를 좋아하고 마음을 감추려 한다
	장단점	지성과 창의력/괴팍한 은둔자
6번 **충실한 사람**	키워드	충실하고 안전을 추구하는 유형
	특징	책임감이 있고 의심과 불안이 많으며 사람들에게 맞추려 한다
	장단점	용기와 헌신/반항과 불안을 야기
7번 **열정적인** **사람**	키워드	늘 분주하고 재미를 추구하는 유형
	특징	즉흥적이고 변덕스러우며 욕심이 많고 산만하다
	장단점	다재 다능하며 정열/충동적인고 인내심 부족
8번 **도전하는** **사람**	키워드	힘이 있으며 남을 지배하는 유형
	특징	자신감과 결단력이 있으며 고집스럽고 사람들과 맞서기를 좋아한다
	장단점	강하고 관대한 리더/사람을 위협하고 통제
9번 **평화주의자**	키워드	느긋하며 남들 앞에 나서지 않는 유형
	특징	수용적이며 자족적이고 남에게 쉽게 동의하며 위안을 준다
	장단점	사람들을 화합하게 하고 갈등 치유/수동적이고 고집

출처: 돈 리차드 리소, 러스 허드슨(2009), 에니어 그램의 지혜

01 특징 준비

02 계획수립

03 변화관리

04 목표설정

05 실행 전략

06 전직 성공

07 활용양식

08 부록

4 성인용 직업 적성 검사 (출처: 워크넷)

적성은 어떤 특정 분야 또는 직업 활동에 개인의 적응 능력이나 필요한 능력을 얼마나 가졌는지를 알아내는 것이다. 성인용 직업 적성검사는 고용 노동부와 한국고용정보원에서 개발한 구직자가 직업을 탐색하거나 발굴할 때 자신 능력과 적성을 바탕으로 적합한 직업을 선택하거나 경력 개발을 지원하기 위해서 개발된 검사 도구이다. 특히 적성은 특정 활동이나 직업에서 성취 가능성을 알아볼 수 있는 잠재 능력의 하나의 요소이기 때문에 적성이 무시되고 목적과 수단이 앞선 직업 선택은 취업 후 활동 과정에서 불안과 권태 또는 후회의 원인이 되거나 이직의 원인이 될 수가 있다. 성인용 직업 적성 검사의 내용은 주요 직업수행과 관련된 11개의 직업 적성 요인과 17개의 하위 문항으로 구성되어 있으며 누구나 워크넷(https://www.work.go.kr)에서 가입 후 검사를 받을 수 있다. 성인용 직업적성검사를 마치면 적성 점수와 직업 추천 결과를 확인할 수 있다.

(1) 검사의 적성 요인과 의미

적성요인	의미	하위검사
언어력	일상생활에서 사용되는 다양한 단어의 의미를 정확히 알고 글로 표현된 문장들의 내용을 올바르게 파악하는 능력	어휘력, 문장 독해력
수리력	사칙연산을 이용하여 수리적 문제들을 풀어내고 일상생활에서 접하는 통계적 자료(표와 그래프)들의 의미를 정확하게 해석하는 능력	계산력, 자료 해석력
추리력	주어진 정보를 종합해서 이들 간의 관계를 논리적으로 추론해 내는 능력	수열 추리 I·II, 도형 추리
공간 지각력	물체를 회전시키거나 재배열했을 때 변화된 모습을 머릿속에 그릴 수 있으며, 공간 속에서 위치나 방향을 정확히 파악하는 능력	조각 맞추기, 그림 맞추기
사물 지각력	서로 다른 사물 간의 유사점이나 차이점을 빠르고 정확하게 지각하는 능력	지각 속도
상황 판단력	실생활에서 자주 당면하는 문제나 갈등 상황에서 문제를 해결하기 위한 여러 가지 가능한 방법 중, 더욱 바람직한 대안을 판단하는 능력	상황 판단력
기계 능력	기계의 작동 원리나 사물의 운동 원리를 정확히 이해하는 능력	기계 능력
집중력	작업을 방해하는 자극이 존재하지만, 정신을 한 곳에 집중하여 지속해서 문제를 해결할 수 있는 능력	집중력
색채 지각력	서로 다른 두 가지 색을 혼합하였을 때의 색을 유추할 수 있는 능력	색 혼합, 색 구분
문제 해결 능력	문제 및 장애 요소를 위해 논리적 사고와 올바른 의사결정 과정을 통해 구체적인 행동으로 연계될 수 있는 해결 방안을 찾아내는 능력	문제 해결 능력
사고 유창력	주어진 상황에서 짧은 시간 내에 서로 다른 많은 아이디어를 개발해 내는 능력	사고 유창력

(2) 적성 점수의 의미

요인별 100점은 일반사람들의 적성요인 평균을 의미하며 각 요인에서 당신의 점수가 100점보다 위에 있으면 그 능력이 상대적으로 우수한 것이고, 100점보다 아래에 있으면 그 능력이 상대적으로 낮다는 것을 의미한다.

적성점수	수준	내용
120점 이상	최상	당신의 능력은 상위 10% 이내에 속합니다.
112~119점	상	당신의 능력은 상위 11%에서 상위 20% 사이에 속합니다
100~111점	중상	당신의 능력은 상위 21%에서 상위 50% 사이에 속합니다
88~99점	중하	당신의 능력은 하위 21%에서 하위 49% 사이에 속합니다
81~87점	하	당신의 능력은 하위 11%에서 하위 20% 사이에 속합니다.
80점 이하	최하	당신의 능력은 하위 10% 이내에 속합니다.

추천 순위	직업	세부직업	중요 적성 요인
1	농림어업직	농업 기술자 및 지도사, 가축 사육 종사원, 임산물 채취 및 기타 임업 종사원, 양식원,임업 기술자 및 지도사,해양수산 기술자 및 지도사,곡식작물 재배원,채소·특용작물 재배 원,과수작물 재배원, 원예작물 재배원,조경원,낙농 종사원	추리력 / 사물지각력 / 기계능력 / 색채지각력
2	운전 및 배송	택시 운전원,버스 운전원,화물차·특수차 운전원, 기타 자동차 운 전원,택배원	사물지각력 / 기계능력 / 공간지각력
3	금융·보험 영업원	신용 추심원,금융 영업원(간접투자증권판매인), 보험 영업원(보험 설계사)	문제해결능력 / 사고유창력 / 집중력
4	연극·영화· 방송 기술자	촬영 기사, 음향·녹음 기사, 영상·녹화·편집 기사, 조명·영사 기사 ,기타 연극·영화·방송 관련 기술자	사고유창력 / 공간지각력 /사물지각력
5	간호사·간호 조무사	간호사, 간호조무사	상황판단력/색채지각력/ 문제해결능력

- 직업 추천은 실제 직업별 종사자들의 적성 점수 평균과 개인의 적성 점수를 비교하여 산출합니다.

- 이 결과는 개인이 좋아하거나 관심 있는 직업과는 차이가 있을 수 있으며, 현재 갖고 있는 적성 능력 수준으로 볼 때 개인의 능력 수준에서 가장 유사한 직업을 추천하는 결과입니다. 직업 선택은 흥미나 가치관, 직(무)업 경험, 특기, 자격 등을 종합적으로 고려하여야 하며, 본 결과는 개인의 강점 능력과 수준에 적절한 직업 추천으로 참조하시기를 바랍니다.

01 목적준비
02 계획수립
03 변화관리
04 목표설정
05 실행전략
06 전직성공
07 활용양식
08 부록

⑤ 직업 선호도 검사 (출처: 워크넷)

(1) 홀랜드(Holland) 흥미검사

직업 선호도 검사는 개인의 흥미지만 성격 및 생활 경험을 측정하여 적합한 직업을 안내하는 검사이다. 흥미검사는 다양한 분야에 대한 개인의 흥미를 측정하는 검사로 개인의 흥미 특성을 6가지 유형으로 구분하여 흥미 특성에 적합한 직업 분야를 안내합니다. 성격검사는 일상생활 속에서 나타나는 개인의 성향을 측정하는 검사로 5가지 요인에서의 성격특성과 세부적으로 28개 하위 요인에서의 개인 성격특성을 알 수 있습니다. 생활사 검사는 과거의 다양한 생활 경험을 측정하여 개인을 이해하도록 돕는 검사로 9개 생활 경험 요인에서의 개인 특성을 설명합니다. 다음은 홀랜드(Holland) 검사를 약식으로 진단하는 내용으로 자세한 내용은 워크넷〉 직업 진로〉 직업 심리검사에서 진행하기를 추천한다.

1) 일반 성향 검사: 당신은 일반적으로 어떤 성향을 보이고 있습니까?

	항 목	체크
R	스스로 조립하거나 만들 수 있는 제품을 즐겨 산다	☐
	자동차 정비공의 일이 재미있을 것 같다	☐
	연장을 사용하여 일하는 것을 좋아한다	☐
	고칠 수 있는가를 실험해 보려고 자주 물건을 분해한다	☐
	손을 사용하여 무엇인가를 만드는 일이 즐겁다	☐
	사무실에서 일하는 것보다 바깥에서 일하는 것이 낫다	☐
	도구를 사용하여 무엇이든지 잘 만드는 편이다	☐
총계		
I	사물에 대해 철저히 이해하기를 좋아한다	☐
	논리적으로 생각하고 분석하는 편이다	☐
	시험에서 틀린 문제에 끝까지 정답을 밝혀낸다	☐
	지적인 토론이 이루어지는 대화를 좋아한다	☐
	여러 가지 자연 현상에 대해 호기심을 갖고 있다	☐
	소프트웨어 성능을 비교 분석한다	☐
	난이도가 높은 문제 풀이에 도전하는 것을 좋아한다	☐
총계		

	항 목	체크
A	끊임없이 아름다움을 추구한다	☐
	새로운 색이나 디자인의 옷을 남다르게 입는 것을 좋아한다	☐
	감정표현이 풍부하다	☐
	아름다운 음악이나 그림에 감명을 받는 경우가 많다	☐
	평소에 제품의 디자인을 눈여겨보는 편이다	☐
	예술은 우리의 삶을 풍요롭게 한다고 생각한다	☐
	예술 작품을 음미할 줄 안다	☐
총계		
S	어려움에 부닥친 사람들을 이해하고 도와주려고 애쓴다	☐
	불우한 이웃을 돕는데 더 많은 관심을 가져야 한다	☐
	사람들의 개인적인 이야기를 잘 들어주는 편이다	☐
	남에게 도움을 주는 직업을 택하고 싶다	☐
	다른 사람에게 위기가 닥쳤을 때 돕기를 자처한다	☐
	사람들의 고민을 잘 들어주는 편이다	☐
	타인 입장에서 생각하는 편이다	☐
총계		
E	규모가 큰 프로젝트를 따내는 일을 하고 싶다	☐
	집단의 지도자가 되는 것은 도전해 볼 만한 일이다	☐
	야망이 큰 편이다	☐
	조직의 높은 위치에서 다른 사람을 이끌고 싶다	☐
	어떤 분야에서 주도적으로 일을 하는 편이다	☐
	사회적 지위 획득에 관심이 많다	☐
	남에게 지는 것을 싫어한다	☐
총계		
C	원리 원칙대로 행동한다	☐
	신중하고 완벽하게 일을 처리해야 만족감을 느낀다	☐
	일과가 잘 짜여 있을 때 안정감을 느낀다	☐
	꼼꼼하게 일을 처리해야 만족감을 느낀다	☐
	정해진 규칙대로 일하지 않으면 불안하다	☐
	쉽게 찾을 수 있도록 물건을 정리하는 편이다	☐
	반복적인 일을 잘 처리한다	☐
총계		

01 퇴직 준비

02 계획수립

03 변화관리

04 목표설정

05 실행 전략

06 전직 성공

07 활용양식

08 부록

2) 자신과 비슷하거나 선호하는 낱말에 체크하세요.

분류	R 그룹	I 그룹
특성	☐ 실제적인 ☐ 겸손한 ☐ 실용적인 ☐ 독단적인 ☐ 소박한 ☐ 단순한 ☐ 확실한 ☐ 끈기가 있는 ☐ 엄격한 ☐ 손재주가 있는 ☐ 기계를 잘 다루는 ☐ 신체활동을 선호하는	☐ 분석적인 ☐ 이지적인 ☐ 논리적인 ☐ 개방적인 ☐ 호기심이 많은 ☐ 추상적인 ☐ 탐구적인 ☐ 지적인 ☐ 합리적인 ☐ 과학적인 ☐ 방법적인 ☐ 비판적인
개수		

분류	A 그룹	S 그룹
특성	☐ 창의적인 ☐ 정서적인 ☐ 자유분방한 ☐ 개방적인 ☐ 독창적인 ☐ 직관적인 ☐ 표현력이 풍부한 ☐ 미적 감각력이 있는 ☐ 상상력이 풍부한 ☐ 충동적인 ☐ 개성적인 ☐ 예술적인 활동을 선호하는	☐ 수용적인 ☐ 배려하는 ☐ 친절한 ☐ 사교적인 ☐ 우호적인 ☐ 인내심이 있는 ☐ 협력적인 ☐ 동정심이 있는 ☐ 책임감이 있는 ☐ 교육적인 ☐ 도움을 주는 ☐ 대인 관계 활동을 선호하는
개수		

01 퇴직 준비

02 계획수립

03 변화관리

04 목표설정

05 실행 전략

06 전직 성공

07 활용양식

08 부록

분류	E 그룹	C 그룹
특성	☐ 열정적인 ☐ 모험적인 ☐ 지배적인 ☐ 자신감이 있는 ☐ 야심적인 ☐ 경쟁적인 ☐ 설득력이 있는 ☐ 확신하는 ☐ 말하기를 좋아하는 ☐ 영향력이 있는 ☐ 자기 주장적인 ☐ 목표 지향적인 활동을 선호하는	☐ 순응적인 ☐ 안정적인 ☐ 조직화한 ☐ 질서 정연한 ☐ 효율적인 ☐ 정확한 ☐ 세부적인 ☐ 보수적인 ☐ 정리 정돈 적인 ☐ 규칙적인 ☐ 신뢰적인 ☐ 현실적인 활동을 선호하는
개수		

3) 홀랜드(Holland) 흥미유형 진단

	R	I	A	S	E	C
일반 성향						
성격 형용사						
합계						

4) 여섯 가지 흥미유형별 특성

구분	현실형(R)	탐구형(I)	예술형(A)	사회형(S)	진취형(E)	관습형(C)
흥미 특성	분명하고 질서 정연하고 체계적인 것을 좋아하고 연장이나 기계를 조작하는 활동 내지 기술에 흥미가 있습니다.	관찰적, 상징적, 체계적이며 물리적, 생물학적, 문화적 현상의 창조적인 탐구를 수반하는 활동에 흥미가 있습니다.	예술적 창조와 표현, 변화와 다양성을 선호하고 틀에 박힌 것을 싫어하며 모호하고, 자유롭고, 상징적인 활동에 흥미가 있습니다.	타인의 문제를 듣고, 이해하고 도와주고, 치료해 주고, 봉사하는 활동에 흥미가 있습니다.	조직의 목적과 경제적인 이익을 얻기 위해 타인을 지도, 계획, 통제, 관리하는 일과 그 결과로 얻어지는 명예, 인정, 권위에 흥미가 있습니다.	정해진 원칙과 계획에 따라 자료를 기록, 정리, 조직하는 일을 좋아하고 체계적인 작업환경에서 사무적, 계산적 능력을 발휘하는 활동에 흥미가 있습니다.
자기 평가	사교적 재능보다는 손 재능 및 기계적 소질이 있다고 평가	대인 관계 능력보다는 학술적 재능이 있다고 평가	사무적 재능보다는 혁신적이고 지적인 재능이 있다고 평가	기계적 능력보다는 대인관계적 소질이 있다고 평가	과학적 능력보다는 설득력 및 영업능력이 있다고 평가	예술적 재능보다는 비즈니스 실무능력이 있다고 평가
타인 평가	겸손하고 솔직하지만, 독단적이고 고집이 센 사람	지적이고 현학적이며 독립적이지만, 내성적인 사람	유별나고, 혼란스러워 보이며 예민하지만, 창조적인 사람	이해심 많고 사교적이고 동정적이며 이타적인 사람	열정적이고 외향적이며 모험적이지만, 야심이 있는 사람	안정을 추구하고 규율적이지만, 유능한 사람
선호 활동	기계나 도구 등 조작	자연 및 사회현상의 탐구, 이해, 예측 통제	문학, 음악, 미술 활동	상담, 교육, 봉사 활동	설득, 지시, 지도 활동	규칙을 만들거나 따르는 활동
적성	기계적 능력	학구적 능력	예술적 능력	대인 지향적 능력	경영 및 영업 능력	사무적 능력
성격	현실적이고 신중한 성격	분석적이고 지적인 성격	경험에 대해 개방적인 성격	동정심과 참을성이 있는 성격	대담하고 사교적인 성격	현실적이고 성실한 성격

가치	눈에 보이는 성취에 대한 물질적 보상	지식의 개발과 습득	아이디어, 정서, 감정의 창조적 표현	타인의 복지와 사회적 서비스의 제공	경제적 성취와 사회적 지위	금전적 성취와 사회, 사업, 정치 영역에서의 권력 획득
회피활동	타인과의 상호작용	설득 및 영업활동	틀에 박힌 일이나 규칙	기계 기술적 활동	과학적, 지적, 추상적 주제	명확하지 않은 모호한 과제
대표직업	기술자, 가동기계 및 항공기 조종사, 정비사, 농부, 엔지니어, 전기·기계기사, 군인, 경찰, 소방관, 운동선수 등	언어학자, 심리학자, 시장조사 분석가, 과학자, 생물학자, 화학자, 물리학자, 인류학자, 지질학자, 경영분석가 등	예술가, 작곡가, 음악가, 무대감독, 작가, 배우, 소설가, 미술가, 무용가, 디자이너, 광고, 기획자 등	사회복지사, 교육자, 간호사, 유치원 교사, 종교 지도자, 상담가, 임상치료가, 언어치료사 등	기업경영인, 정치가, 판사, 영업사원, 상품구매인, 보험회사원, 판매원, 연출가, 변호사 등	공인회계사, 경제분석가, 세무사, 경리사원, 감사원, 안전관리사, 사서, 법무사, 의무기록사, 은행사무원 등

5) 가치관 검사 (출처: 워크넷)

(1) 직업 가치관 검사

직업 가치관 검사는 직업선택 시 중요하게 생각하는 직업가치 13가지 요인을 측정하여 자신의 직업 가치를 확인하고 그에 적합한 직업 분야를 안내해 주며 자신의 가치를 충족해 주는 직업에 종사할 때 해당 직업에 대한 만족도가 높을 것이다.

2) 직업 가치관 검사의 의미

가치 요인	가치 설명	관련 직업
1. 성취	스스로 달성하기 어려운 목표를 세우고 이를 달성하여 성취감을 맛보는 것을 중시하는 가치	대학교수, 연구원, 관리자, 프로 운동선수, 연구가 등
2. 봉사	자신의 이익보다는 사회의 이익을 고려하여 어려운 사람을 돕고 남을 위해 봉사하는 것을 중시하는 가치	판사, 소방관, 성직자, 경찰관, 사회복지사 등
3. 개별활동	여러 사람과 어울려 일하기보다 자신만의 시간과 공간을 가지고 혼자 일하는 것을 중시하는 가치	디자이너, 화가, 운전사, 교수, 연주가 등
4. 직업안정	해고나 조기 퇴직의 걱정 없이 오랫동안 안정적으로 일하며 안정적인 수입을 중시하는 가치	연주가, 미용사, 교사, 약사, 변호사, 기술자 등
5. 변화지향	일이 반복적이거나 정형화되어 있지 않으며 다양하고 새로운 것을 경험할 수 있는지를 중시하는 가치	연구원, 컨설턴트, 소프트웨어 개발자, 광고 및 홍보 전문가, 메이크업 아티스트 등
6. 몸과 마음의 여유	건강을 유지할 수 있으며 스트레스를 적게 받고 마음과 몸의 여유를 가질 수 있는 업무나 직업을 중시하는 가치	레크리에이션 진행자, 교사, 대학교수, 화가, 조경 기술자 등
7. 영향력 발휘	타인에게 영향력을 행사하고 일을 자신 뜻대로 진행할 수 있는지를 중시하는 가치	감독 또는 코치, 관리자, 성직자, 변호사 등
8. 지식추구	일에서 새로운 지식과 기술을 얻을 수 있고 새로운 지식을 발견할 수 있는지를 중시하는 가치	판사, 연구원, 경영 컨설턴트, 소프트웨어 개발자, 디자이너 등
9. 애국	국가의 장래나 발전을 위하여 기여하는 것을 중시하는 가치	군인, 경찰, 검사, 소방관, 사회단체 활동가 등
10. 자율	다른 사람들에게 지시나 통제를 받지 않고 자율적으로 업무를 해 나가는 것을 중시하는 가치	연구원, 자동차 영업원, 레크리에이션 진행자
11. 금전적 보상	생활하는 데 경제적 어려움이 없고 돈을 많이 벌 수 있는지를 중시하는 가치	프로 운동선수, 증권 및 투자 중개인, 공인회계사, 금융자산 운용가, 기업 고위 임원 등
12. 안정	자신의 일이 다른 사람으로부터 인정받고 존경받을 수 있는지를 중시하는 가치	항공기 조종사, 판사, 교수, 운동선수, 연주가 등
13. 실내 활동	주로 사무실에서 일할 수 있으며 신체활동을 적게 요구하는 업무나 직업을 중시하는 가치	번역사, 관리자, 상담원, 연구원, 법무사 등

자기 탐색 종합 정보

구분	탐색 내용		추천 직업
직업 선호도 검사			
성격 검사	MBTI		
	Enneagram		
적성 검사	상		
	하		
가치관 검사			
직업 적성검사			
탐색정보 정리			

01 퇴직준비

02 계획수립

03 변화관리

04 목표설정

05 실행전략

06 전직성공

07 활용양식

08 부록

SWOT 분석 전략

자신의 SWOT분석

S(강점)
자신이 남보다 뛰어난 강점

W(약점)
자신이 남보다 뛰어난 약점

O(기회)
외부로부터 기회가 되는 요소

T(위기)
외부로부터 오는 위험 요소

1단계 환경분석

나 자신의 향후 재취업을 위하여 외부 환경분석과 스스로의 내부요인을 분석한다.

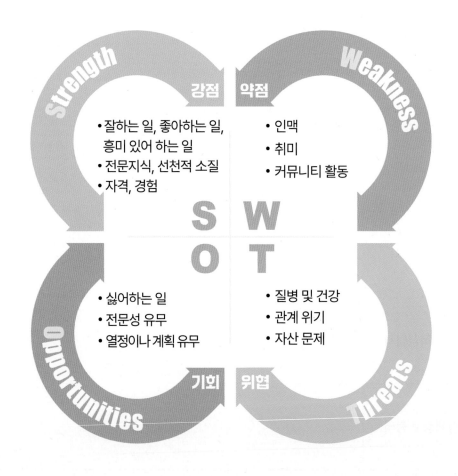

Strength 강점
• 잘하는 일, 좋아하는 일, 흥미 있어 하는 일
• 전문지식, 선천적 소질
• 자격, 경험

Weakness 약점
• 인맥
• 취미
• 커뮤니티 활동

Opportunities 기회
• 싫어하는 일
• 전문성 유무
• 열정이나 계획 유무

Threats 위협
• 질병 및 건강
• 관계 위기
• 자산 문제

● 2단계: 전략목표 개발(SO, ST, WO, WT)

구 분	기회(O) ① ② ③	위협(T) ① ② ③
강점(S) ① ② ③	SO(공격)	ST(다양화)
약점(W) ① ② ③	WO(방향전환)	WT(방어)

01 목적준비

02 계획수립

03 변화관리

04 목표설정

05 실행전략

06 전직성공

07 활용양식

08 부록

● **3단계: Action Plan 수립**

순위	누가(Who)	무엇을(What)	언제까지(When)	어떻게(How)

4강 _ 변화관리

1 SMART한 목표 설정
2 직업정보 탐색하기
3 고용시장 이해하기

01 SMART한 목표 설정

전직 지원에서의 목표 설정은 재취업, 창업(창직 포함), 귀농 귀촌 귀어, 사회공헌이나 봉사활동 등 다양하다. 재취업은 경력 연장을 위해 전문성이나 보유한 역량을 활용하여 동일 업종이나 동일 직무 또는 다른 업종이나 다른 직무에서 재취업 활동을 하는 것이다. 창업은 창업 준비도나 진단에서부터 창업의 실행에까지 일련의 단계적 지원 활동으로 일반 창업(1인 기업 포함), 기술 창업, 사회적 경제 기업 창업 등을 목표로 하고 있다.

창업은 『중소기업 창업 지원법 제1장 제2조』에 따라 중소기업을 새로 설립하는 것으로 방법이나 형태 및 지원 목적과 업종에 따라 분류 내용을 달리할 수 있다.

1 창업 형태에 따른 분류

구분	주요 내용
기술 창업	혁신 기술 또는 새로운 아이디어를 가지고 새로운 시장을 창조하여 제품이나 용역을 생산 판매하는 형태의 창업
벤처 창업	High Risk – High Return에 충실하며 반드시 기술 창업을 전체로 하지 않으나 우리나라에서는 『벤처기업육성에 관한 특별조치법』에 정의
일반 창업	기술 창업이나 벤처 창업에 속하지 않은 형태로서 도소매업과 일반 서비스업, 생계형 소상공인 창업 등이 해당

출처: 중소기업청, (사)한국창업보육협회(2015)

예를 들어 일반창업의 창업자라면 보통은 퇴직 후 자신의 모습을 바라보며 추진계획을 세우며 그 계획에 따라 창업 준비 단계, 실행 단계, 창업 경영 단계로 구분할 수 있다.

2 창업 단계별 내용

구분	창업 준비 단계	창업 실행 단계	창업 경영 단계
내용	• 창업의 기본적 이해 • 창업 아이템 선정 • 사업 타당성 분석 • 사업 계획서 작성	• 입지 선정 • 회사 설립 • 창업 자금 조달	• 창업 마케팅 전략 • 창업 인사 관리 • 창업 세무

출처: 신용보증기금(2015), 창업가이드북

창업 구상 단계에서는 창업의 6하 원칙(5W1H) 아래 창업 성공의 핵심 요인(CSF: Critical Success Factor)를 살펴보고 비즈니스 모델을 분석하여 창업 기회 포착과 실행 및 성공 가능성을 가늠해 본다. 준비 단계에서는 창업을 결정하고 실행 전 많은 시간을 갖고 준비를 하는 단계로서 창업의 전체적인 방향이나 환경 및 사업성을 점검하며 계획을 수립하는 단계이다.

실행 단계에서는 창업 기업의 설립과 형태를 통해 창업 기업의 조직 구성과 다양한 창업 자금의 특성을 살펴보고 경영 단계에서는 창업기업의 실제 경영과정에서 경영과 관련된 인사 노무관리, 재무 세무관리, 마케팅 전략 및 성장 전략으로 살펴볼 수가 있다. 사회적 경제기업은 사회적 기업, 협동조합, 마을 기업 등을 말하며 사회적 문제 해결과 공동체 발전을 목적으로 경제 활동을 하는 기업이다. 최근에는 퇴직자들의 다양한 욕구에 따라 전직 지원이 세분화, 전문화하는 추세이며 전직 지원 목표를 설정하면 다음과 같다.

③ 전직 지원 목표

분 류	내 용
재취업	동일 업종 – 동일 직무, 다른 업종 – 동일 직무 동일 업종 – 다른 직무, 다른 업종 – 다른 직무
창업(창직 포함)	일반창업, 기술창업(하이테크 포함), 사회적 경제 기업
귀농 귀촌 · 귀어 귀산	정부, 지방자치체 지원 정책 제공 및 체험 과정 탐방
사회공헌 및 봉사활동	사회봉사 활동을 위한 정부 지원과 정보제공 및 사례

④ 재취업을 위한 진입 유형

유 형		내 용
동일 직무	업종-동일	· 일반적으로 취업목표를 설정하는 방법으로써 일하는 방식과 내용을 동일하게 진행하여 단기적으로 재취업을 희망하려는 경우에 선택하는 유형 · 과거 근무 경험이나 경력을 활용하여 재취업하는 유형
동일 직무	업종-다른	· 일하는 내용과 방식은 다르지만 높은 전문성이나 많은 경력을 지닌 경우 업무의 확장으로 업종 이해도를 높일 수 있는 유형 · 동일한 업종에서 다른 직무에 도전하려는 유형
다른 직무	업종-동일	· 새로운 업종으로 유사한 직무 능력을 갖고 진입하려는 유형으로 공통 직무를 활용하여 진입할 수 있는 유형 · 업종의 쇠퇴나 새로운 업종에 도전하려는 유형
다른 직무	업종-다른	· 자신의 전문성이나 경력을 갖고 시너지를 낼 수 있는 일하는 방식으로써 도전정신이나 열정이 높은 사람에게 유리한 유형 · 업종의 쇠퇴나 새로운 분야에 도전하려는 유형

01 퇴직 준비

02 계획수립

03 변화관리

04 목표설정

05 실행 전략

06 전직 성공

07 활용양식

08 부록

⑤ 목표 실현을 위한 모델

목표 실현에 대한 가능성을 점검할 방법으로는 비즈니스 모델 캔버스라는 도구를 사용하여 시각적으로 분석할 수 있다.

핵심 파트너	핵심 활동	가치	고객 관계	고객
	자원		채널	
비용			수익과 이익	

출처: 알렉산더 오스터왈더 외(2011), 비즈니스 모델 제너레이션

⑥ 재취업을 위한 고려 사항 (중소기업 중심)

분류	판단기준/사유	확인사항
CEO 경영마인드	· 경영자 비전 및 경영수행 능력 · 업무 수행에 따른 기업 문화	· 유사 업종에서 CEO 평판
시장성	· 회사 성장, 발전 가능성 · 제품에 대한 마케팅 능력	· 유사 업종의 시장 동향 · 회사 소개서 / 고객사 현황 · 최근의 회사 결산자료
기술력	· 시장에서 기술력 위치	· 회사 및 제품 소개 · 연구 개발 실적 및 인력 구성 · 외부 전문기관과 연구개발 실적
재무구조	· 재무제표	· 부채가 많은가 · 자본금은 충분한가 · 이익은 많이 내고 있는가
수익성&자금력	· 회사의 안정성	· 회사의 결산 자료

출처: SENIOR & PARTNERS 홈페이지

01 퇴직 준비

02 계획수립

03 변화관리

04 목표설정

05 실행 전략

06 전직 성공

07 활용양식

08 부록

7 퇴직자를 위한 성공취업 5계명

장수사회에서는 단순하게 직장 생활 30년, 퇴직 이후 생활 30~40년으로 생각할 수 있다. 그리고 퇴직이라는 상황에서 가장 떠오는 불안감은 아마 남은 생활에 대한 은퇴 자금 또는 생활 자금과 같은 경제적인 부분이나 건강이나 무료한 시간을 어떻게 보낼 것인가에 대한 고민 등 여러 가지 개인적인 이유가 있을 것이다. 더구나 일반적인 사람들의 경우 직장 생활 30년으로 저축한 돈을 가지고 은퇴자금을 사용한다면 궁핍과 빈곤의 수렁 속을 생각할 것이다. 이러한 이유로 최근 퇴직의 추세는 퇴직과 동시에 재취업을 준비하거나 재직 중에 미리 준비하는 것이다. 재테크 전문가들은 연금처럼 꾸준히 수입을 보장하는 안전 자본으로 경제활동을 추천하고 있다.

(1) 직업 가치관은 직업 만족과 직결된다

직업에서 진로는 자신이 희망하고 바라는 직업을 선택하여야 어렵고 힘든 상황을 마주하더라도 포기하지 않고 오랫동안 지속할 수 있다. 자신이 강점이 무엇인지 탐색하고 어떤 일에 흥미와 적성에 맞는지 탐구해 본다. 자신이 추구하는 직업관과 직업 철학에 대한 진지한 고민은 선택적 직업에 대한 행복 추구이다. 직업 가치관 검사는 워크넷(https://www.work.go.kr)에서 무료로 받아볼 수 있다.

(2) 직업의 눈높이를 맞춰라

퇴직을 했다는 현실적인 상황은 직무에 대한 효용가치를 다했다는 의미이기도 하다. 또한 기업에서 생각하는 조직원으로서 일할 나이와 퇴직자가 생각하는 일할 수 있는 나이와는 상당한 괴리감이 있다. 더구나 퇴직한 중장년을 조직에서 다시 채용할 경우 상당한 부담감을 안고 있기 때문에 새로운 조직에서 일하기 위해서는 과감하게 눈높이를 낮추어 과거에 연연하지 않고 일자리를 찾는 마음가짐이 필요하다. 실제로 재취업에 대한 현실의 벽은 생각보다 아주 높고 두텁다는 것을 깨닫게 된다.

(3) 재취업 준비는 빠르면 빠를수록 좋다

퇴직자의 재취업은 단절이 아닌 일의 연장선상에 있다. 진로 설계를 통한 재취업 방향은 여러 가지가 있지만 쉼표에 대한 기간이 길수록 불리한 것은 아주 명확하다. 아무리 뛰어난 능력자이더라도 일에 대한 공백은 업무에 대한 무뎌짐으로 다가와 재취업과 멀어지고 경쟁만 높아질 뿐이다. 이러한 시간적인 조건의 불리함을 이겨내고 미리 준비하려고 한다면 퇴직 전에 전문 지식을 쌓아 둘 필요가 있다. 예를 들어 기존 업무에 대한 경쟁이 치열하여 진로 전환이 필요할 경우 자격 취득과 함께 취업 연계에 대한 정보를 찾아볼 필요가 있다.

(4) 일자리에 선입견을 갖지 마라

평생 직장의 시대는 이미 무너지고 평생 현역시대에 평생 직업인으로 활동을 위해서는 기존의 직업관을 버리고 평생 직업관으로 생각을 바뀌어야 한다. 퇴직자는 이미 기존 조직에서 역할을 다했다고 생각하고 새로운 역할을 찾는다는 생각으로 새롭게 도전하는 용기가 필요하다. 가장 좋은 일자리는 자신의 전문 영역과 연계된 일자리이지만 현실 속에서는 자신이 생각하는 양질의 일자리가 많지는 않다. 이럴 때 생각해 볼 수 있는 것이 새로운 도전이다.

(5) 개인의 네트워크를 활용하라

재취업에 성공한 시니어들의 절반 이상은 공개된 시장보다 비공개 시장을 통해 새로운 기회를 잡았다. 기업 입장에서 경력자 채용은 조직 내에서 여러 가지 영향을 주기 때문에 비공개 채용 가운데 인맥을 활용하여 추천을 받는 경우가 많다. 구인 정보 사이트를 활용하되 주변 사람들을 통해 비공개 시장을 발굴하거나 자신의 인적 네트워크를 보다 확장하는 노력이 필요하다. 또한 사람들과 교류 시 자신의 전문 분야나 재취업 의지 등을 보여 줄 필요가 있다.

01 퇴직 준비

02 계획수립

03 변화관리

04 목표설정

05 실행 전략

06 전직 성공

07 활용양식

08 부록

8 **중장년에게 유리한 신직업·미래직업** (출처: 워크넷)

에너지 효율 검증 전문가	에너지 절약형 시설을 설치하고 에너지가 절약되는 양을 측정하고 검증하는 일을 한다
농업 안전 보건기사	농업 현장의 안전을 위해 위험 요인을 조사하고 진단하며 안전 재해를 예방하기 위한 사업과 현장 업무를 수행한다
농촌 교육 농장 플래너	농업이나 농촌에 대한 교육 프로그램을 기획하고 학교 교사와 학생 별 교육자료를 만들거나 프로그램 등을 운영한다
해양 치유사	치유가 필요한 사람을 대상으로 해양 치유를 수행하거나 해양 치유사를 관리하고 감독한다
농업 드론 조종사	농촌에서 드론을 원격 또는 자동 비행하여 직파나 파종, 예찰, 농약 살포, 방제, 인공 수분 등의 작업을 수행한다
오디오 북 내래이터	소설 원고를 콘텐츠 내용에 맞춰 낭독하여 오디오 북을 제작한다
문화 유산교육사	문화재 관련 프로그램을 개발하고 실제 교육을 시행하며 평가와 감독 업무를 수행한다
분쟁 조종사	분쟁이 발생했을 때 재판 전에 이를 중재, 조정, 알선하여 분쟁당사자들이 스스로 해결책을 찾아 분쟁을 해결하도록 돕는다
치유농업사	농업 활동(식물재배, 원예, 동물 매개 등)을 통한 정서적, 기능적 치유, 재활 등의 서비스를 제공한다
공인 탐정	각종 위법행위와 사고 피해 확인, 행방불명자 소재 파악, 소송 증거 수집 등을 수행하나
치매 전문인력	요양병원 등 치매 관리기관에서 치매 환자와 치매 가족을 대상으로 요양을 위한 사정, 평가와 프로그램을 기획하며 관련기관에 연계한다
냉매 회수사	오존층 파괴 및 지구 온난화를 유발하는 냉매의 적정 회수 및 처리 업무를 수행한다
3D프린팅 운영 전문가	3D모델링 전용 소프트웨어를 활용하여 자동차 부품, 의료용 보조기구, 인체 삽입형 의료제품 등의 입체 형상을 3D모델로 구현한다
주택임대 관리사	임대를 목적으로 제공하는 주택의 임대인(소유주)을 대신해 시설의 운영관리, 유지 보수, 민원 처리, 월세 징수, 세금 납부 등 주택임대관리 업무를 수행한다.
기업재난관리자	위험 평가, 사업 영향 분석, 전략 선택, 사업 연속성 및 재난 복구절차 등 사업의 연속성과 재난 복구 전략 및 해결책을 개발하고 유지하며 교육훈련을 수행한다
신사업 아이디어 컨설턴트	시장 트랜드에 맞춰 새로운 사업 아이디어나 비즈니스 모델을 발굴하고 고객의 요구에 따라 사업 초기에 필요한 경영전략 및 마케팅 등을 컨설팅한다
주변 환경 정리 전문가	고객의 의뢰에 따라 간단한 정리 정돈에서부터 디자인이나 설치, 가구 배치 등을 통해 능률적으로 일할 수 있도록 작업 환경을 만들어주고 공간 활용을 잘할 수 있도록 주변을 재정리하는 일을 한다

이혼상담사	이혼을 고려하는 부부를 대상으로 심리상담과 법적 절차, 이혼 후의 재정문제나 양육문제 등을 상담하고 이혼과정에 필요한 전반적인 사항을 대행한다
노년 플래너	노후를 행복하게 보낼 방법을 전문적으로 조언한다
도시재생 전문가	도시의 정체성을 보존하면서 거주민들의 거주환경과 공동체의 삶의 질을 높일 수 있는 공간을 기획한다
문화여가사	여가생활을 원하는 수요를 파악하고 맞춤형 여가를 설계하며 문화예술 사업을 기획하고 컨설팅한다
주거복지사	취약계층의 주거환경을 개선하고 주거복지 정보와 서비스를 연계해 제공한다
민간 조사원	법률이 허용하는 범위에서 의뢰인의 요청에 따른 각종 사실을 조사하거나 실종 가족 또는 문건의 소재 등을 조사한다
전직 지원 전문가	비슷한 직종의 새로운 직장으로 일자리를 옮기거나 완전히 새로운 직업을 찾으려는 사람에게 구직활동을 도와주고 지원한다
산림치유지도사	치유의 숲, 자연휴양림, 삼림욕장, 숲길 등에서 대상 별 맞춤형 산림치유 프로그램을 개발, 보급 지도하는 전문가이다

<직업별 고령자 취업 분포>

(단위: 천명, %, %p)

	2022.5				2023.5				증감			
	고령취업	구성비	55~64	65~79	고령취업	구성비	55~64	65~79	고령취업	구성비	55~64	65~79
전체	8,772	100.0	5,762	3,010	9,120	100,0	5,879	3,241	349	–	117	232
관리자	178	2,0	142	36	188	2,1	151	37	11	0,1	10	1
전문가 및 관련 종사자	725	8,3	601	124	838	9,2	693	145	113	0,9	92	21
사무 종사자	613	7,0	509	104	697	7,6	577	120	84	0,6	68	16
서비스 종사자	1,182	13,5	869	313	1,266	13,9	888	378	85	0,4	20	65
판매 종사자	763	8,7	562	202	816	8,9	578	238	53	0,2	17	37
농림어업 숙련 종사자	1,152	13,1	451	701	1,167	12,8	447	719	14	-0,3	-4	18
기능원 및 관련 기능 종사자	893	10,2	712	180	858	9,4	670	188	-35	-0,8	-42	8
장치 기계 조작 및 조립종사자	1,111	12,7	797	314	1,174	12,9	840	334	63	0,2	42	21
단순 노무 종사자	2,156	24,6	1,120	1,036	2,117	23,2	1,034	1,083	-39	-1,4	-85	47

출처: 통계청, 2023년 5월 경제활동인구 조사 고령층 부가 조사 보도자료(7.25)

<산업별 취업자 분포 고령자 취업 분포>

(단위: 천명, %, %p)

	2022.5				2023.5				증감			
	고령취업	구성비	55~64	66~79	고령취업	구성비	55~64	65~79	고령취업	구성비	55~64	65~79
전체	8,772	100.0	5,762	3,010	9,120	100	5,879	3,241	349	0.0	117	232
농림어업	1,209	13.8	485	723	1,194	13,1	464	729	-15	-0,7	-21	6
제조업	1,026	11.7	846	181	1,073	11,8	870	203	47	0,1	25	22
건설업	811	9.2	642	169	787	8,6	625	162	-24	-0,6	-17	-7
도소매업	828	9.4	595	233	899	9,9	623	276	71	0,5	28	43
운수창고업	657	7.5	444	212	663	7,3	438	224	6	-0,2	-6	12
숙박음식업	671	7.7	519	153	690	7,6	503	187	19	-0,1	-15	34
금융보험업	152	1.7	125	27	177	1,9	139	37	25	0,2	15	10
부동산업	292	3.3	161	131	268	2,9	134	134	-25	-0,4	-28	3
전문과학기술 서비스업	165	1.9	119	46	204	2,2	145	59	39	0,3	26	13
시설관리지원 임대서비스업	604	6.9	344	260	641	7,0	358	283	37	0,1	14	23
공공행정국방 사회보장행정	331	3.8	195	136	349	3,8	205	143	17	0,0	10	7
교육서비스업	350	4.0	288	62	379	4,2	318	61	29	0,2	30	-1
보건사회복지	974	11.1	498	476	1,084	11,9	557	527	110	0,8	59	51
예술스포츠 여가	102	1.2	68	34	108	1,2	74	34	7	0,0	6	0
협회단체수리	385	4.4	264	121	389	4,3	268	121	4	-0,1	4	0
기타*	215	2.4	169	46	2178	2,4	156	61	2	0,0	-13	15

※기타에는 산업분류 B, D, E, J, T, U 가 포함됨(한국표준산업분류 참조)

출처: 통계청, 2023년 5월 경제활동인구조사 고령층 부가조사 결과 보도자료(7.25)

01 퇴직 준비
02 계획수립
03 변화관리
04 목표설정
05 실행 전략
06 전직 성공
07 활용양식
08 부록

02 직업정보 탐색하기

① 직업정보 역량 개발 (출처: NCS 학습모듈 직업 정보 수집/ NCS 취업상담)

직업 정보는 직위, 직무, 직업, 직종에 관한 모든 종류의 정보를 말하며 그 내용이 방대하고 수시로 변하여 개인이 다루기에는 매우 한계가 있으므로 국가에서 생산하는 표준 직업 정보를 사용한다. 직업 정보는 내용별 직업 정보와 취업 단계별, 대상별 정보가 있으며 직업 정보의 내용으로는 다음 3가지를 포함하고 있다.

1) 직업정보의 내용

분류	내용
미래 사회에 대한 정보	- 미래 변화와 직업시장에 미칠 영향의 평가 - 인공지능(AI)에 의해 대체될 일자리 형태 - 인구구조 변화에 의한 직업상담 대상별 특성 - 기업의 고용 형태의 변화 - 팽창되는 직업과 축소되는 직업의 유형 - 인력 수급 불균형에 의한 인력구조 변화
직업 세계에 대한 정보	- 고용의 지리적 분배 - 블루칼라와 화이트칼라의 고용 이동 - 산업 및 직업의 분포 - 기업의 고용 형태의 변화 - 사업체 특성 및 지역별 분포 - 근로조건 및 작업환경 - 직업에서 요구하는 자격, 지식 및 역량
개인에 대한 정보	- 흥미, 가치, 적성 등의 직업에 대한 자기 평가 - 직업 지식 및 역량 - 개척 가능성이 높은 직업들 - 가족 경험 - 교육 경험 - 작업 경험 - 자신이 발견한 기능 및 능력

2) 직업 정보 수집 프로세스

직업정보 탐색	자신에 적합한 직업에 관한 구체적 직종부터 일반적 정보까지 수집
대안 작성	실행 우선순위에 따라 분류하고 평가하여 결정
직업 분류	수집된 직업 정보를 분류체계에 따라 분류
대안 만들기	흥미나 취미를 포함한 많은 대안 자료를 목록화 하여 수집
대안 목록 줄이기	대안 목록을 선호 기준에 따라 분류하여 3~5개 목록으로 압축
직업 정보 수집하기	직업 훈련, 작업 과제, 작업 훈련, 근로 조건 등 직업에 관한 정보 수집
직업 정보 평가	중립성, 최신성, 정확성, 대표성을 기준으로 평가

01 퇴직 준비

02 계획수립

03 변화관리

04 목표설정

05 실행 전략

06 전직 성공

07 활용양식

08 부록

② 직업훈련 정보 수집

1) 고용노동부의 직업훈련 포털(www.hrd.go.kr)에서 직업 훈련 정보를 검색한다.

출처: 직업훈련 포털 망(www.hrd.go.kr/hrdp/ma/pmmao/newIndexRenewal.do) 화면 캡처

(2) 한국산업인력공단의 자격 포털 망(www.q-net.or.kr)에서 자격정보를 검색한다.

출처: 자격 포털(www.q-net.or.kr/man001.do?gSite=Q) 화면 캡처

3) 민간자격정보서비스(www.pqi.or.kr)에서 민간자격 정보를 검색한다.

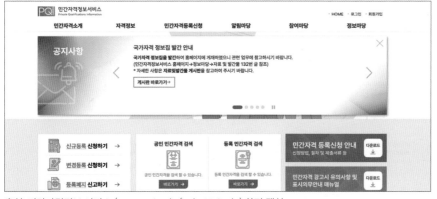

출처: 민간자격정보 서비스 (www.pqi.or.kr/indexMain.do) 화면 캡처

4) 한국폴리텍대학교(www.kopo.ac.kr)에서 교육 특화과정을 검색한다.

출처: 한국폴리텍 정수 캠퍼스(www.kopo.ac.kr/jungsu/content.do?menu=233) 화면 캡처

5) 서울기술교육원(www.jbedu.or.kr)에서 교육과정을 검색한다.

출처: 서울기술교육원 중부캠퍼스(www.jbedu.or.kr/home/homeIndex.do) 화면 캡처

6) 대한상공회의소 (www.kccistc.net)에서 교육과정을 검색한다

출처: 대한상공회의소 서울 기술 교육센터(www.kccistc.net) 화면 캡처

01 토직준비
02 계획수립
03 변화관리
04 목표설정
05 실행전략
06 전직상담
07 활용양식
08 부록

3 자격의 이해와 종류 (출처: 교육부/2021, NCS학습모듈 직업훈련상담)

『자격기본법』 제2조에 의한 자격은 직무 수행에서 요구하는 지식(K), 기술(T), 태도(A) 등의 체득 수준 정도를 일정 기준과 절차에 따라 평가하여 인정하는 것을 말한다. 자격 체계는 국가직무 능력표준(NCS)을 기반으로 교육훈련과 자격의 수준 체계로 구성되어 있다. 또한 취업 지원은 직업훈련과 자격증 취득 그리고 취업 활동으로 연계되어 운영되는데 구직자에게는 자신에게 적합한 직업 훈련을 탐색하고 자격증을 취득한 후 구직활동으로 이어지는 순차적 과정이 바람직하다.

따라서 자격에 대한 이해를 높이고 훈련의 학습 효과를 높이기 위해서는 자격제도의 이해가 필요하다. 즉 국가자격은 국가의 법령에 의해 신설되고 관리 운영되며 국가기술자격과 국가전문자격으로 나누어진다. 민간자격은 국가 이외의 기관이 신설하고 관리 운영하는 것으로 민간 공인 자격과 민간 등록 자격이 있다. 민간 공인 자격은 해당 정부 부처에서 인정한 자격이며 민간 등록 자격은 민간 공인자격을 제외한 자격을 말한다.

표-1. 자격의 종류

국가기술자격	국가 기술 자격기본법(법률 제18925호)에 의해 도입되는 자격으로 국가자격 중 산업과 관련이 있는 기술 · 기능 및 서비스 분야의 자격을 말한다.
	국가자격 포털(www.q-net.or.kr) 참조
	기술사, 기능장, 기사, 산업기사, 기능사, 사회조사분석사, 소비자전문상담사, 이러닝 운영 관리사, 임상심리사, 직업상담사, 스포츠경영관리사, 텔레마케팅관리사, 멀티미디어 콘텐츠 제작 전문가, 컨벤션기획사 등
국가전문자격	대한민국 정부 각 부처(보건복지부, 환경부, 고용노동부, 해양수산부, 중소벤처기업부 등)의 관련 법령에 근거하여 주어지는 자격증을 말한다.
	국가자격 포털(www.q-net.or.kr) 참조
	가맹거래사, 공인노무사, 공인중개사, 감정평가사, 경비지도사, 관광통역안내사, 관세사, 농수산물 품질관리사, 물류관리사, 변리사, 세무사, 손해평가사, 청소년 상담사, 행정사, 호텔관리사, 산업안전 관리사 등
국가 공인 민간자격	국가 공인 민간자격은 정부가 민간자격에 대한 신뢰를 확보하고 사회적 통용성을 높이기 위하여 1년 이상 3회 이상 검정실적(자격발급 실적)이 있고, 법인이 관리/운영하며, 민간자격 등록관리 기관에 등록한 자격 중 우수한 자격을 자격정책심의회의 심의를 거쳐 공인하는 제도이다
	한국직업능력연구원 민간자격 정보서비스(www.pqi.or.kr) 참조
	한자 한문 전문지도사, 병원행정사, 신용관리사, 수화 통역사, 원가분석사, PC 정비사, 주거복지사, 종이접기 마스터, 샵마스터, 디지털 포렌식 전문가, 원산지관리사, 데이터분석 전문가, 재경관리사, 회계관리, 전산 세무회계 등
비공인등록 민간자격	민간자격은 국가 외 개인 · 법인 · 단체가 신설하여 관리 · 운영하는 자격을 말한다
	한국직업능력연구원 민간자격 정보서비스(www.pqi.or.kr) 참조
	스마트폰 활용 지도사, SNS마케팅전문지도사, 디지털 콘텐츠큐레이터, 컴퓨터 활용 전문지도사, 디지털 문해교육 전문지도사, 유튜브 크리에이터 전문지도사, 디지털 범죄 예방 전문지도사, AI 챗GPT 전문지도사

자격정보 탐색하기

자격증 명				
자격증 개요				
자격 구분	국가자격( ) 민간자격( )		실시기관	
전문 분야				
시험일				
시험과목	교육이수(과목)			
	자격시험 (과목)	1차(필기)		
		2차(실기)		
수행 직무				
진로 전망				

출처: 한국고용정보원(2018) 직업선택 및 취업계획 수립에 관한 직업상담 매뉴얼

❹ 기업정보 탐색하기

회사에서 새로운 사람을 채용한다는 것은 조직에서 필요한 직무에 적합한 인재를 찾겠다는 것이다. 또한 어떤 기업이라도 모든 조건을 갖추어 놓고 일하는 것이 아니라 부족하지만 주어진 환경 속에서 최선을 다하기를 기대한다. 기업 정보를 탐색하는 방법은 온라인을 통한 검색 방법, 박람회나 커뮤니티에 가입하여 오프라인 모임에 참석하는 방법, 희망 분야의 종사자나 전문가를 통하는 방법 등이 있다.

1) 온라인 검색 방법

출처: 네이버 홈페이지 화면 캡처

출처: 금융감독원 전자공시 시스템 홈페이지 화면 캡처

2) 취업 박람회

출처: www.ibkonejob.co.kr/eme/acc/onlineRecruit.do 화면 캡처

출처: www.fome-jobfair.com/main/main.php 화면 캡처

출처: www.job815.com 화면 캡처

01 토직준비

02 계획수립

03 변화관리

04 목표설정

05 실행 전략

06 전직성공

07 활용양식

08 부록

3) 전문 분야

출처: www.krivet.re.kr/ku/index.jsp 화면 캡처

퇴직자의 전직지원을 위한 재취업 가이드 · 취업편

출처: www.krivet.re.kr/ku/index.jsp 화면 캡처

출처: www.keis.or.kr/main/index.do#page1 화면 캡처

03 고용 시장 이해하기

1 고용 환경 이해

고용시장을 이해하기 위해서는 시장이 어떤 산업으로 구분되고 그 산업의 하위 범주에는 무엇이 있고 그 범주 아래에는 어떤 기업이 있는지 알아야 한다. 또한 진로 목표를 설정하고 취업을 하기 위해서는 산업, 기업, 직무를 이해할 필요가 있다〈그림 4-1〉. 구직자가 희망하는 기업이 어떤 산업 분야에서 활동하고 있는지 그리고 그 기업에서 무슨 직무를 맡아서 일을 할 것인가에 대한 이해도가 높으면 높을수록 구직자에게 요구되는 역량은 더욱 더 구체화하고 세분화할 수 있다. 예를 들어 영업이라는 직무를 희망하는 지원자는 자동차 산업, 제약 산업, 교육산업 등 여러 분야의 산업을 탐색하게 된다.

그리고 채용 공고를 분석하여 기업의 현황과 이슈 그리고 직무 내용을 살펴보게 되면서 희망 회사의 이력서, 자기소개서, 면접을 준비하게 된다. 특히 퇴직(예정)자에게는 다양한 직무 경력 또는 오랜 사회 경험으로 인하여 진로의 결정이 쉽지 않을 경우 흥미나 관심 및 능력의 관점에서 적합한 정보를 제공해 줄 수가 있다.

<그림 4-1>고용시장의 구조

정부 기관에서 제공하고 있는 산업 분류는 한국표준산업분류(KSIC: Korean Standard Industrial Classification), 한국표준직업분류(KSCO: Korean Standard Classification Occupation), 한국고용직업분류(KECO: Korean Employment Classification of Occupations), 한국직업사전(KDO: Korea Dictionary Occupations) 등이 있다 (교육부, NCS직업모듈 직업정보수집)

한국표준산업분류(KSIC: Korean Standard Industrial Classification)에서 산업의 개념은 유사한 성질을 갖는 산업 활동에 주로 종사하는 생산 단위의 집합이며 산업 활동은 각 생산 단위가 노동, 자본, 원료 등 자원을 투입하여 재화 또는 서비스를 생산하거나 제공하는 일련의 활동 과정이라 했다. 산업분류 기준은 첫째로 산출물(생산된 재화 또는 제공된 서비스)의 특성, 둘째로 투입물의 특성, 셋째 생산 활동의 일반적인 결합 형태로 분류된다.

한국표준직업분류(KSCO: Korean Standard Classification Occupation)에서 분류한 직업은 직능 수준(skill level)과 직능 유형(skill specialization)을 고려한 직능(skill)을 근거로 작성되었다. 또한 직업(Occupation)은 유사한 직무의 집합이며 직무(Job)는 직업 분류의 가장 기본적인 개념이며 생산 활동에 종사하는 개별 근로자 한 사람에 의하여 정규적으로 수행되도록 설정, 교육, 훈련되는 일련의 업무와 임무라고 한다.

한국고용직업분류(KECO: Korean Employment Classification of Occupations)는 고용노동부에서 노동시장 내 직업에 대한 데이터를 수집하여 통계정보를 제공하고 노동시장 상황과 수요, 현실적 직업 구조를 반영한 직무를 체계적으로 분류하였다. 한국직업사전(KDO: Korea Dictionary Occupations)은 전국적인 사업체에서 유사한 직무가 어떻게 수행되는가에 대한 조사와 분석된 연구 결과를 말한다.

2 산업의 분류

1) 한국표준산업분류 (출처: 통계청https://kostat.go.kr)

한국표준산업분류는 모든 산업주체가 그 활동의 유사성에 따라 유형화하고 각종 통계 작성을 통일적으로 확보하기 위하여 작성된 기준으로서 1963년 3월 광업과 제조업 부문에 대한 산업분류를 제정하였다. 이듬해 4월 제조업 이외 부문에 대한 산업분류를 추가로 제정함으로써 우리나라의 표준산업분류 체계를 완성하였다. 이렇게 제정된 한국표준산업 분류는 유엔의 국제표준산업분류(1차 개정: 1958년)에 기초하여 작성된 것이다. 한국표준산업분류는 유엔(UN) 통계처가 권고한 국제표준산업분류에 근거하여 통계작성 목적으로 작성·고시되었으며, 그 외 사업 인허가, 조세 및 자금지원 등 행정 및 산업정책 관련 법령에서 산업 영역을 규정하는 기준으로 준용되고 있다(151개 법령, 2021.6. 기준).

<표 4-1>한국 표준산업분류표(제10차 개정: 2017. 1. 13)

대분류	중분류	소분류	세분류	세세분류
A 농업, 임업 및 어업	3	8	21	34
B 광업	4	7	10	11
C 제조업	25	85	183	477
D 전기, 가스, 증기 및 공기조절 공급업	1	3	5	9
E 수도, 하수도 및 폐기물처리, 원료재생업	4	6	14	19
F 건설업	2	8	15	45
G 도매 및 소매업	3	20	61	184
H 운수 및 창고업	4	11	19	48
I 숙박 및 음식점업	2	4	9	29
J 정보 통신업	6	11	24	42
K 금융 및 보험업	3	8	15	32
L 부동산업	1	2	4	11
M 전문, 과학 및 기술 서비스업	4	14	20	51
N 사업 시설관리, 사업지원 및 임대서비스업	3	11	22	32
O 공공행정, 국방 및 사회보장행정	1	5	8	25
P 교육 서비스	1	7	17	33
Q 보건업 및 사회복지서비스업	2	6	9	25
R 예술, 스포츠 및 여가관련 서비스업	2	4	17	43
S 협회 및 단체, 수리 및 기타 개인 서비스업	3	8	18	41
T 가구 내 고용활동, 자가소비 생산활동	2	3	3	3
U 국제 및 외국기관	1	1	1	2
21	77	232	495	1,196

(2) 한국표준직업분류 (출처: 통계청https://kostat.go.kr)

한국표준직업분류는 국제노동기구(ILO)의 국제표준직업분류(ISCO)를 기반으로 분류체계의 원칙을 준수하는 범위 내에서 국내 노동시장 직업 구조를 반영하여 개인의 경제 활동을 수행하는 일의 형태에 따라 통계적으로 분류하였으며 이번 개정은 2007년 6차 개정 이후 10년 만에 추진되었다. (한국표준직업분류 제·개정: 1963년 제정. 1966년, 1970년, 1974년, 1992년, 2000년, 2007년 등 6차례 개정)

<표 4-2> 한국표준직업분류

1. 관리자
• 공동주택 관리자

2. 전문가 및 관련 종사자
• 산업 특화 소프트웨어 프로그래머
• 모바일 애플리케이션 프로그래머
• 건축에너지 관리 및 평가 기술자
• 방재 기술자 및 연구원
• 보조공학사
• 로봇공학 시험원
• 놀이 및 행동치료사
• 교육 교구 방문강사
• 입학 사정관
• 미디어 콘텐츠 창작자
• 사용자경험및인터페이스디자이너
• 요리 연구가
• 공연·영화 및 음반 기획자

3. 사무 종사자
• 대학 행정조교
• 증권 사무원
• 의료 서비스 상담 종사원
• 행정사

4. 서비스 종사자
• 요양 보호사
• 노인 및 장애인 돌봄 서비스 종사원
• 보육 관련 시설 서비스 종사원
• 반려동물 훈련사
• 문화 관광 및 숲. 자연환경 해설사

5. 판매 종사자
• 소규모 상점 경영자
• 소규모 상점 일선 관리 종사원

7. 기능원 및 관련 기능 관련 종사자
• 자동차 튜닝원
• 건설용 굴삭기 정비원

8. 장치. 기계조작 및 조립 종사자
• 덤프트럭 운전원
• 콘크리트 믹서 트럭 운전원

9. 단순 노무 종사자
• 대여 제품 방문 점검원

3) 한국 고용 직업 분류 <small>(출처: 한국고용정보원)</small>

한국 고용 직업 분류는 노동 시장 상황과 수요, 현실적 직업 구조를 반영하여 직능 유형과 직능 수준을 고려하여 직무를 체계적으로 분류한 것이다. 이는 고용 관련 행정 DB나 통계 조사자료의 결과를 집계하고 비교하기 위한 통계 목적으로 활용하고 있다. 또한 공공 부문의 취업 알선 업무에 활용되며(한국 고용 직업 분류를 취업 알선에 맞게 확장하여 '취업알선 직업분류'로 활용 중), 국가직무 능력표준(NCS), 직업훈련, 국가기술자격, 직업 정보의 제공, 진로지도 등 고용 실무 전반의 기본 분류 도구로 활용되고 있다.

<표 4-3>한국 고용 직업 분류

대분류	중분류	소분류	세분류
0. 경영·사무·금융·보험직	3	18	70
1. 연구직 및 공학 기술직	5	19	54
2. 교육·법률·사회복지·경찰·소방직 및 군인	5	12	41
3. 보건의료직	1	7	20
4. 예술. 디자인. 방송. 스포츠직	2	8	34
5. 미용·여행·숙박·음식·경비·청소직	6	13	49
6. 영업·판매·운전·운송직	2	11	35
7. 건설·채굴직	1	6	24
8. 설치·정비·생산직	9	37	110
9. 농림어업직	1	5	13
항 목	35항목	136항목	450항목

01 목직준비
02 계획수립
03 변화관리
04 목표설정
05 실행 전략
06 전직 성공
07 활용양식
08 부록

(4) 한국 고용 전망서 (출처: 한국고용정보원, 한국직업전망/2022년 기준)

한국고용정보원은 진로나 직업을 선택하고 판단하는 데 어려움을 겪는 사람들을 위해 직업의 다양한 특성과 전망을 살펴볼 수 있도록 정보를 제공한다. 그 내용으로는 ❶ 인구구조 (고령화, 저출산) 및 노동인구의 변화 저출산, 고령화, 1인 가구의 증가 등 인구구조 변화 및 생산가능인구 감소, 여성의 경제활동 증가, 외국인 근로자의 증가 등 국내 노동인구 변화 ❷ 가치관과 라이프스타일의 변화 여가, 건강, 미용 등 삶의 행복을 중시하는 가치관, 개인화, SNS를 통한 소통강화. 세대별 특성 (MZ세대, 액티브 시니어 등) ❸ 과학기술의 발전 인공지능, 빅데이터, 사물인터넷 등 디지털 기술의 고도화, 기술의 융·복합화 등 ❹ 국내외 경기 변화 세계 및 국내 경기 전망, 수출 및 수입 등 무역 전망 ❺ 기업의 경영전략 변화 기업 인수합병, 제조 현장의 해외 이전, 직무 아웃소싱 등 종사자 채용특성 ❻ 산업 특성 및 산업구조의 변화 산업구조의 고도화 및 융합화 등 ❼ 환경과 에너지 환경 요인(환경오염, 기후변화, 자연재해 등)과 에너지 자원 요인(자원고갈, 국가 간 자원경쟁 등)으로 인한 (국제) 규제 강화, 산업육성, 전문가 양성 등 ❽ 법·제도 및 정부 정책, 정부 차원에서의 해당 산업 및 직업 육성 방안, 규제 완화, 자격제도 마련 등이 있다.

<표 4-4> 분야별 일자리 증감 요인

분야	증감	요인
기계	증가	수출과 내수가 증가, 에너지 및 친환경 인프라 투자 증가
조선	증가	친환경 선박 수요 증가와 수출 증가, 해양 플랜트 발주 증가
전자	유지	글로벌 경기 회복 지연에 따른 소비 위축, 물가 상승 및 금리 인상 등으로 대내·외적 여건 불확실성
섬유	유지	하반기 소비 심리 감축과 주요 시장 섬유 소비 위축이지만 전년 대비 초 기저 효과 발생
철강	증가	수출과 내수가 증가하면서 철강 생산은 증가하고 수주 선박은 본격적인 생산 진행 예정
반도체	증가	국내 설비투자 증가, 디지털 전환 및 비대면 경제 확산
자동차	증가	친환경차 수요 욕구로 생산량 증가, 차량 대기 수요 증가 및 공급망 불확실성 해소
디스플레이	유지	LCD 생산 감축, OLED 등 고부가가치 제품 생산 증가, IT, 자동차 제품의 프리미엄 확산으로 전년도 고용 수준 유지
건설	감소	인건비 상승, 건설 투자 감소로 건설 수요 위축
금융 보험	유지	금리 상승 유지로 수익성은 개선이 예상, 성장세는 약화하여 전년도 고용 유지 예상

출처: 한국고용정보원 & 한국산업기술진흥원, 2023년 하반기 주요 업종의 일자리 전망 보도자료(2023. 7. 31)

또한 이래학(2023)은 기업을 185개 섹터와 27개 산업으로 분류하고 인프라와 필수 소비재, 기초 소재와 산업재, IT, 소비재-1, 소비재-2, 소비재-3 등 산업 분야와 섹터로 분류하였다.

<표 4-5> 산업 및 기업의 분류

산업	하위 분류	기업 분류
인프라와 필수소비재	에너지	전기, 가스, 난방에너지, 전기인프라, 친환경에너지
	금융	은행, 증권, 보험, 기타 금융
	통신	통신장비, 알뜰폰, 통신사, 통신솔루션
	의료기기	체외진단, 치과, 미용, 안과, 영상진단기, 인체조직이식재, 창상 피복재
	제약과 바이오	제약, 바이오, 건강기능식품, 동물의약품, 의약품 인프라
기초소재와 산업재	정유와 화학	화학, 정유
	철강과 광물	철강제품, 비철금속, 제철, 자원개발과 무역, 철강 공정 소재
	조선과 운송	고속버스, 운송, 조선사, 해운, 조선기자재,
	건설과 플랜트	건설, 플랜트 설비와 관리, 건축자재, 부동산 개발, 설계감리, 폐기물처리와 발전
	기계	일반기계, 건설기계, 공작기계, 항공우주와 방위산업
IT	반도체	반도체 장비, 팹리스, 반도체 소재, 디자인하우스, 반도체 제조, IP, OSAT, 반도체 유통
	디스플레이	디스플레이 장비, 디스플레이 소재, 디스플레이 패널, 디스플레이 부품
	모바일 기기 & 카메라	모바일 기기, 카메라
	IT서비스	소프트웨어, IT 하드웨어, SI, 사이버보안, 컨텍센터
	인터넷	인터넷 인프라, 플랫폼
소비재	음식료	일반식품, 음료와 주류, 담배, 수산업, 축산업, 농업
	패션	의류, 가죽과 신발, 섬유, 액세서리
	유통	편의점 & 슈퍼마켓, 홈쇼핑, 오프라인쇼핑몰, E-커머스, 면세점, 식자재 유통, 기타 유통
	기타 소비재	가구와 생활용 품, 교육과 완구, 종이와 포장재
	화장품	브랜드, 원료와 부자재, 화장품 임상, OEM/ODM
	레저	골프, 여행, 카지노, 레저시설 & 용품, 외식, 항공사, 자전거, 호텔,
	미디어	방송 & 콘텐츠, 광고, 엔터테인먼트, 영화배급 & 멀티플랙스
	게임	보드게임, 소셜 카지노, 캐주얼, FPS, RPG
	전자기기	전자제품&부품, 전자소재&장비, 물리보안, 셋톱박스, 시험인증, LED
	2차전지	장비, 부품, 세트, 재활용, 엔지니어링, 소재
	자동차	전장용품, 제동 & 조향 & 공조장치, 중고차, 차체, 커머스, 타이어, 특장차, 파워트레인, 완성차, 이륜차, 수입차, 배터리, 고무부품, 내외장재

출처: 이래학(2023), 2023년 대한민국 산업지도를 참고하여 정리함

01 투자 준비
02 계획수립
03 변화관리
04 목표설정
05 실행 전략
06 전직 성공
07 활용양식
08 부록

❸ 기업 분석

기업분석은 일반적으로 기업이 활동하는 산업 분야 정보를 먼저 확인하고 주요 시장에서의 서비스나 상품 분석, 목표 기업에 대한 분석을 진행한다. 기업 분석을 위한 정보로는 기업 홈페이지를 비롯하여 전자 공시 시스템(DART), 중소기업 현황 정보 시스템, 기업이 활동하고 있는 산업 분야 정기 간행물, 기업에서 재직하고 있는 재직자 인터뷰, 경제 신문이나 증권사 리포트 등 다양한 채널을 통해 확인할 수 있다. 희망하는 기업의 분석은 이력서 작성이나 경력 기술서 뿐 아니라 자기소개서나 면접을 준비하는 데 아주 중요한 정보의 원천이다.

1) 기업의 유형

기업유형	내 용
대기업	『중소기업기본법 및 시행령』에 의한 기업이나 기업집단으로서 자산 규모가 10조 원 이상 되는 기업을 말한다
중견기업	자산 규모가 5000억 원 이상, 3년 평균 매출 1500억 원 이상, 자기자본 1000억원 이상, 상시 직원 1000명 이상 중 하나라도 충족이 되면 해당한다. 다만 예외 조항으로 공공기관, 연금업, 금융·보험 서비스업, 외국 법인이 주식 및 출자 지분율이 30% 이상 소유하거나 최대 출자자인 경우이다.
중소기업	제조업 매출 기준으로 중기업 120억~1500억 이하, 소기업 120억 원 이하인 경우에 해당된다.
스타트업	시장에서 성장 잠재력이 큰 기술 중심의 회사를 말한다.
강소기업	고용 유지율(3년 이내 2회 연속 동종 업종 및 규모별 평균 대비 고용유지율이 높은 기업)과 신용평가 등급이 B⁻이상 기업, 3년 이내 산재·사망 발생 사고가 있으며 임금체불이 없는 기업이 선정된다
기 타	
소부장 강소기업	중소벤처기업부가 소재, 부품, 장비 기술 자립화를 달성하고 미래 신사업을 창출하는 100개의 강소기업을 말한다.
월드클래스300	기업 매출 대비 직·간접 수출액이 20% 이상, 최근 5년간 연 평균 매출 증가율이 15% 이상, 최근 3년 연구개발 투자비가 연 매출 2% 이상이고 매출 규모가 400억 원~1조 원 중견기업이다.
히든 챔피언 육성 기업	한국표준과학연구원의 연구비와 기업 매칭 펀드를 투입하여 중소기업에 필요한 기술을 참여 기업과 공동개발 하여 전수하는 사업이다
SW 고성장 기업	과학기술정보통신부와 정보통신산업진흥원(NIPA)이 200개 기업을 목표로 SW 산업 발전 및 4차 산업혁명 일자리 창출을 위해 SW 고성장 기업의 성장 동력 확충해 초점에 둔 맞춤형 지원 사업이다.

출처: 교육부(2021), NCS 학습 모듈 취업 상담,

2) 중소기업의 요건

중소기업은 일반적으로 규모에 의한 작은 기업으로서 규모에 따라 중기업과 소기업으로 분류한다. 김창환(2021)은 중소기업 기본법과 기본령에서 2014년 4월14일 기본령 개정(2015년 1월 1일 시행)을 통해 자본금과 상시 근로자 수에서 자산총액과 업종별 평균 매출액 단일 기준으로 변경되었으며 중소기업의 판단은 규모 요건〈표 4-6〉과 독립성 조건〈표 4-7〉을 모두 적용한다고 했다.

<표 4-6>중소기업 평균 매출액 규모 요건

중기업	해당 기업의 주된 업종		소기업
1500억 원 이하	종이, 의복, 모피, 가죽, 가방, 신발, 가구, 전기장비 제조업	전기, 가스, 증기 및 공기조절 공급업+수도업	120억 원 이하
1000억 원 이하	건설업	건설업	80억 원 이하
	광업	광업	
	농업, 임업 및 어업	농업, 임업 및 어업	
	도매 및 소매업	운수 및 창고업	
	전기, 가스, 증기 및 공기조절 공급업,+수도업	금융 및 보험업	
800억 원 이하	정보 통신업	정보 통신업	50억 원 이하
	운수 및 창고업	도매 및 소매업	
	수도, 하수 및 폐기물 처리, 원료재생업(수도업 제외)		
600억 원 이하	전문 과학 및 기술 서비스업	전문 과학 및 기술 서비스업	30억 원 이하
	사업 시설관리, 사업지원 및 임대서비스업(임대업 제외)	사업시설관리, 사업지원 및 임대서비스업(임대업 제외)	
	예술, 스포츠 및 여가 관련 서비스업	예술, 스포츠 및 여가 관련 서비스업	
	보건업 및 사회복지 서비스업	수도, 하수 및 폐기물 처리, 원료 재생업(수도업 제외)	
	수리(修理) 및 기타 개인 서비스업	부동산업	
400억 원 이하	숙박 및 음식점업	숙박 및 음식점업	10억 원 이하
	교육 서비스업	교육 서비스업	
	부동산업, 임대업	보건업 및 사회복지 서비스업	
	금융 및 보험업	수리(修理) 및 기타 개인 서비스업	

출처: 김창환(2021), 경영지도사 중소기업 관련 법령

01 퇴직준비

02 계획수립

03 변화관리

04 목표설정

05 실행전략

06 전직 성공

07 활용양식

08 부록

<표 4-7> 영리 중소기업의 독립성 요건

요건	세부사항
소유와 경영의 독립성 요건 (모든 요건 충족 필요)	• 『독립규제 및 공정거래에 관한 법률』 제14조 제1항에 따른 공시대상 기업집단에 속하는 회사 또는 같은 법 제14조의 3에 따라 공시대상 기업집단의 소속 회사로 편입 · 통지된 것으로 보는 회사 • 자산 총액이 5천억 원 이상인 법인이 주식 등을 30% 이상 소유한 경우로서 최다 출자자인 기업 • 관계 기업에 속하는 기업의 경우 평균 매출액 등이 업종별 기준에 맞지 않는 기업

출처: 김창환(2021), 경영지도사 중소기업관련 법령

<표 4-8> 서울특별시 중소기업 현황표

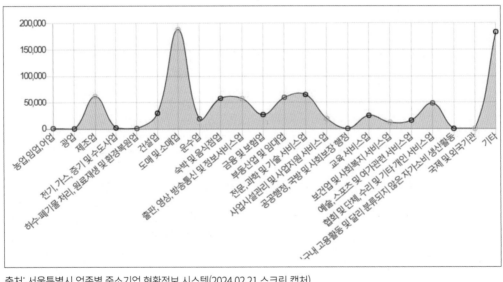

출처: 서울특별시 업종별 중소기업 현황정보 시스템(2024.02.21 스크린 캡처)

❹ 직무 분석

1) 직무 분류

기업에서 직무를 분류하는 기준이나 원칙은 없으며 사업 목적이나 조직의 전략에 따라 다르게 사용한다. 또한 직무분석이나 직무평가에 활용하기 위해서는 직무의 내용과 특성에 따라 체계화하고 직무를 분류할 필요가 있다.

<표 4-9> A기업 직무분류 예시

개념	설명	예시
직군 (Job Group)	기능이 유사한 직무들의 집합	(A 기업) 관리 직군, 연구 직군
직렬 (Job Series)	조직이 위계상 책임의 범위는 다르나 유사한 과업의 내용을 가지고 있는 직무의 집합	(관리 직군) 기획 직렬, 총무 직렬, 재무 및 회계 직렬, 인사 직렬
직무 (Job)	책임과 의무가 유사한 과업의 집합	(인사직렬) 인사 기획, 인사관리, 노무관리

직군	관리직군				연구직군			
직렬	기획	총무	재무, 회계	인사	솔루션 연구	반도체 공정연구	모델링 연구	시뮬레이션
직무	기획관리	총무일반	회계	인사기획	솔루션 기획연구	반도체 공정 기획연구	모델링 기획연구	시뮬레이션 기획 연구
	전략관리	복리후생	자산관이	인사관리	솔루성 프로그래밍 연구	반도체 공정 프로그래밍 연구	모델링 프로그래밍 연구	시뮬레이션 프로그래밍 연구
		사회보험	재무기획	노무관리	솔루션 프로세스 연구	반도체 공정 프로세스 연구	모델링 프로세스 연구	
					솔루션 보안연구	반도체 공정 보안연구	모델링 보안연구	
					솔루션 검증연구			

출처: 유규창, 이혜정(2021), 적재적소 HR

01 목적 준비
02 계획수립
03 변화관리
04 목표설정
05 실행 전략
06 전직 성공
07 활용양식
08 부록

2) 직무 분석

지원자는 직무분류를 통해 수행에 대한 가능 여부를 검토하고 직무 탐색에 의한 직무 가능 범위를 좁혀 나가면서 분석 절차를 진행한다.

<표 4-10>직무분석 절차

1. 직무분석 목적 확인	직무분석의 목적을 명확히 하여 적합한 직무분석 방법을 선정
2. 배경정보 검토	조직도, 공정도, 기존 직무 기술서 등 배경 정보 검토
3. 대표직무선정	직무분석 대상이 되는 직무 가운데 대표 직무나 대표 직위 선정
4. 직무분석 실시	직무분석 방법을 활용해 직무분석 실시
5. 직무분석 내용 검증	직무분석 내용이 정확한지 관리자나 내용 전문가를 통해 검증
6. 직무기술서 작성	최종적인 직무분석 내용과 결과를 직무기술서에 요약 정리

출처: 유규창, 이혜정(2021), 적재적소 HR

<표 4-11>직무 탐색표

인사	경영관리	재무	R&D	조달	생산	영업	IT	유통
인사기획	전략기획	재무회계	연구기획	내자구매	생산기술	해외영업	정보전략	점포개발
채용	경영관리	IR	신제품개발	자재관리	품질관리	국내영업	IT개발	MD
조직문화	법무	세무회계	연구	출하관리	환경안전	기술영업	웹디자인	상품개발
교육	홍보	관리회계	디자인	외자구매	QA/QC	마케팅	온라인서비스 기획	매장관리
노무	자산관리	자금	설계	통관	공무엔지니어	온라인영업		수퍼바이저
총무	비서				생산관리	상품기획		고객지원
급여	특허				시설기술	영업관리		물류기획
	SCM				생산제조			

출처: 교육부(2020), NCS 학습모델 취업상담

직무분석에 대한 충분한 이해와 숙지는 이력서, 자기소개서, 면접 준비를 위해서 반드시 필요하다. 직무분석의 정보 획득은 채용 기업의 홈페이지, 워크넷의 한국 직업 사전, 국가 직무 능력 표준(NCS), 민간 취업 포탈, 개인적인 네트워크를 통해서도 이용할 수 있다.

<그림 4-1>직무분석 정보 채널

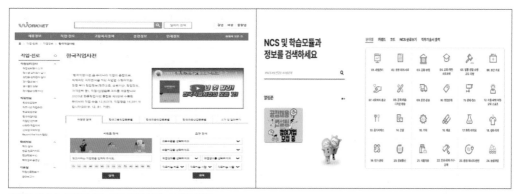

출처: 워크넷, 국가직무능력표준(2023) 스크린 캡처

<표 4-12>직무 분석 예시(인사/노무)

직무	인사 / 노무
우대 전공	상경계열 또는 전공무관
하는 일	인사기획, 직무관리, 인력채용, 인력이동 관리, 인사평가, 핵심인재 관리, 교육 훈련 운영, 임금 관리, 급여지급, 복리후생 관리, 조직문화 관리, 인사 아웃소싱, 퇴직업무 지원, 전직지원 등
자격 면허	노무사, 경영지도사, 컴퓨터 활용 자격증
교육 사항	인사담당자 입문과정, 신입사원 교육
필요 역량	전략적 사고, 개방적 의사소통
지식	노동법 지식, 기업 인사 관리 운영 사례 지식, 인·적성 검사기법, 채용기법, 면접 기법, 중장기 사업전략 수립 방법, 경영학 원론, 조직 행동론, 인적자원 관리
기술	기업 인사관리 운영사례 지식
태도	전략적 사고, 개방적 의사소통
경력사항	인사 관련 인턴(교육 운영, 채용 보조)
경력개발계획	채용 → 교육운영 → 인사 기획 → 기획
기타	경영학 원론, 조직 행동론, 인적 자원 관리

출처: 교육부(2021), NCS 학습 모듈 취업상담

01 퇴직준비
02 계획수립
03 변화관리
04 목표설정
05 실행 전략
06 전직 성공
07 활용양식
08 부록

3) 직무 능력 자가 진단 (출처: 최일수 외, NCS기반의 취업 및 창업 전략)

직무 능력 자가진단표는 퇴직자 스스로가 지식/기술 역량, 경험/활동역량 진단, 직무공통
등을 스스로 점검하여 미비한 부분에 대하여 역량을 보완할 수 있도록 구성되었다.

● **지식/기술역량 진단**

진단 항목	Y/N	배점
직무탐색		
직무의 특성 및 필요역량을 정리 및 정의할 수 있는가?		
직무담당자로서 미래 계획수립이 가능한가?		
교육사항		
본인의 희망분야는 희망직무와 직접적인 연관이 있는가?		
직업훈련 외 직무능력과 연관이 있는 교육을 이수하였는가?		
자격 / 수료		
직무(직무 기술서 기준) 관련 자격증을 취득하였는가?		
직무 기술서에 기재된 자격증 외 취득한 자격증이 있는가?		
그 외 직무 관련 능력을 보여줄 수료증이 있는가?		
영역합계		

● **경험/활동역량 진단**

진단 항목	Y/N	배점
역량발휘		
직무 관련 및 조직 생활을 경험한 적이 있는가?		
직무 수행 시 필요한 역량을 발휘하여 행동한 과업을 가지고 있는가?		
직무와 무관하지만 다양한 직무 경험을 가지고 있는가?		
기업 내외활동		
직무 관련 대외 활동 수상 경력이 있는가?		
봉사활동/커뮤니티 참여 경험이 3회 이상인가?		
직무와 무관하나 기업 내 동아리 활동을 하였는가?		
팀 단위 과제		
직무와 관련된 팀 프로젝트 경험이 있는가?		
영역합계		

● 직무공통

진단항목	Y/N	배점
문서작성, OA 활용 등 기본적인 PC 활용 자격증을 가지고 있는가?		
영역 합계		
전체 합계		

※진단결과는 Y영역의 배점 합계 작성(모두 Y의 경우 총 100점)

● 직무능력 자가진단 결과표

환산점수	진단결과	해 설
0~25	매우 미흡	직무 분석 및 직무 이해도 점검 필수, 직무에 적합한 능력을 파악하여 전체적인 계획을 수립하기 위한 노력을 필요로 함
26~45	미흡	직무 수행에 필요한 능력을 갖추고 있지 않음, 직무에 적합한 능력을 가진 인재로 보이기 위한 종합적인 노력이 필요
46~70	보통	직무 수행에 필요한 능력이 미미하며 영역별 미비한 역량을 체크하여 능력 쌓기에 초점
71~85	우수	직무 수행에 필요한 능력과 자질을 갖추고 있다고 판단되며 타인과의 경쟁력을 키우기 위해 필요한 노력을 점검
86~100	매우 우수	직무 수행에 필요한 능력과 자질이 뛰어나다고 판단되며 자신의 역량을 어떻게 보여줄 수 있을지에 초점을 맞춰 준비

01 토직준비
02 계획수립
03 변화관리
04 목표설정
05 실행전략
06 전직성공
07 활용양식
08 부록

직무 기술서: NCS 활용 예시 (전직 지원 _ 0702010327_20v1)

● 직무 기본 정보

직무	전직지원	능력단위 분류번호	0702010327_20v1
		능력단위	전직 초기면담
직무 목적	전직 초기 면담이란 전직 지원 상담의 초기단계에서 전직 대상자의 기초 정보를 확인하고 서비스 전반에 대해 안내하여 상담진행 내용을 구조화하기 위함		

● 직무 책임 및 역할

주 요 업 무	책임 및 역할
전직 초기면담 준비하기	· 전직대상자의 기초정보를 확인한다 · 전직대상자의 업 · 직종 동향과 고용시장 정보를 수집한다 · 전직 가능범위에 대한 정보와 사례를 검토한다 · 서비스 안내 자료와 필요서류를 구비한다

● 직무수행 요건

구 분	상 세 내 용
지식	· 개인정보 보호법 · 고용현황 정보 · 고용현황 정보
기술	· 면담 일지 작성 기술 · 면담내용 종합 능력 · 상담내용 구조화를 위한 매뉴얼 활용 기술
태도	· 공감대 형성 유지 태도 · 상담과정에 대한 책임감 있는 태도 · 신뢰로운 전문가적 태도

출처: 국가직무능력표준(NCS) 홈페이지> 07.사회복지종교>상담

5 **정부기관, 지방자치단체, 민간 기업 사이트** (출처: 각 기관별 홈 페이지)

정부 취업지원기관

정부기관	이용사이트	지원내용
 고용노동부/재취업 **www.moel.go.kr**	• 워크넷 • 대체인력뱅크 • 노사발전재단 • 장애인 고용포털	• 중장년 워크넷 • 중장년 내일센터 • 고령자 인재은행 • 워크 투게더
 농림축산식품부/귀농·귀촌·귀어 **www.mafra.go.kr**	• 지자체별 귀농귀촌 종합센타 • 귀어·귀촌 종합센타 • 한국임업진흥원	• 귀농귀촌 종합센타 • 한국어촌어항공단 • 귀산촌 길라잡이
 중소벤처기업부/기업인력애로 **www.mss.go.kr**	• 중소기업벤처진흥 공단	• 일자리 매칭 플랫폼 • 참 괜찮은 중소기업

01 목적준비
02 계획수립
03 변화관리
04 목표설정
05 실행전략
06 전직성공
07 활용양식
08 부록

퇴직자의 전직지원을 위한 재취업 가이드 · 취업편

정부기관	이용사이트	지원내용
여성가족부/경력단절여성 www.mogef.go.kr	• 여성 새로일하기센타 • 꿈날개	• 경력단절여성/ 미취업 여성지원 • 온라인 경력개발 센타
보건복지부/노인일자리 www.mohw.go.kr	• 노인인력개발원 • 각 지방자치단체	• 노인 일자리 및 사회활동 지원
행정안전부/자원봉사 www.mois.go.kr	• 1365자원봉사포털 • 한국 중앙 자원봉사 센터 • 지역자원봉사센터	• 자원봉사 온라인 교육 플랫폼

01 퇴직준비

02 계획수립

03 변화관리

04 목표설정

05 실행전략

06 전직성공

07 활용양식

08 부록

정부기관	이용사이트	지원내용
 외교부/해외봉사 www.mofa.go.kr	• 월드 프렌즈 코리아	• 코이카 봉사단 (KOICA) • IT봉사단 • 과학기술지원단 • NIPA자문단 • 월드 프렌드 KOICA자문단
과학기술정통산업부 www.msit.go.kr	• 사람투자 • 이공계 인력중계 센타	• 고급 R&D 인재관 • 전문연구요원 채용관 • 우수기술기업 채용관
국가보훈부/제대군인지원센터 www.vnet.go.kr	• 제대군인지원센터	• 취업지원 • 창업지원 • 해외취업 • 전직지원 • 구인구직신청

정부기관	이용사이트	지원내용
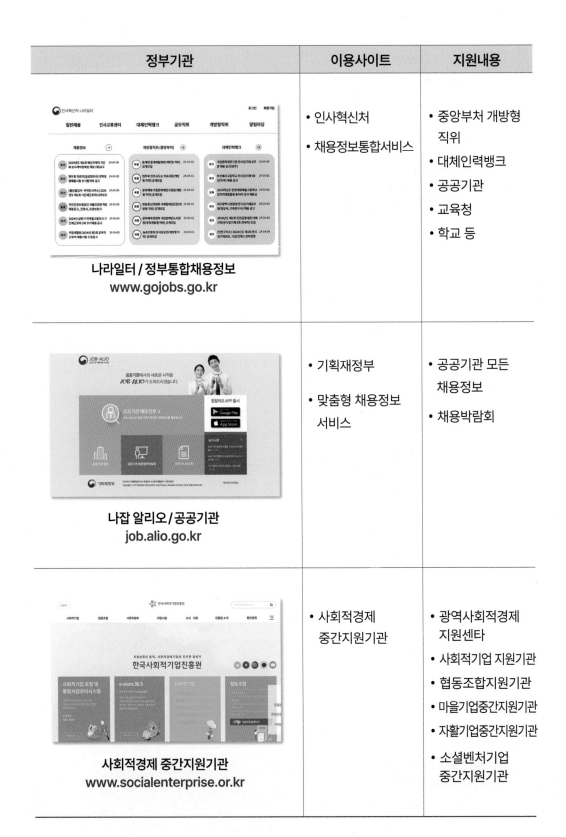 나라일터 / 정부통합채용정보 www.gojobs.go.kr	• 인사혁신처 • 채용정보통합서비스	• 중앙부처 개방형 직위 • 대체인력뱅크 • 공공기관 • 교육청 • 학교 등
나잡 알리오 / 공공기관 job.alio.go.kr	• 기획재정부 • 맞춤형 채용정보 서비스	• 공공기관 모든 채용정보 • 채용박람회
사회적경제 중간지원기관 www.socialenterprise.or.kr	• 사회적경제 중간지원기관	• 광역사회적경제 지원센타 • 사회적기업 지원기관 • 협동조합지원기관 • 마을기업중간지원기관 • 자활기업중간지원기관 • 소셜벤처기업 중간지원기관

01 퇴직준비

02 계획수립

03 변화관리

04 목표설정

05 실행전략

06 전직성공

07 활용양식

08 부록

정부기관	이용사이트	지원내용

한국무역협회
www.kita.net
	• 무역 아카데미
	
	• 무역 교육 및
	  인력 매칭
		• 무역전문 채용사이트
		• 취업 맞춤형 교육
		• 무역 전문 인력 양성 및
		  취업 지원사업

 한국여성과학기술인 육성재단 **www.wbridge.or.kr**	• W브릿지 • 커리어 정보	• 일자리 정보 • 교육 • 네트워크 • 커리어 지원

산림청
www.forest.go.kr
	• 휴양복지
	
	• 숲에서 일하는
	  100가지 방법
		• 산림복지 전문가
		• 나무의사 및 수목지도
		  기술자 양성 교육
		• 수목원 전문가
		  양성 교육

지방자치단체 일자리 정보 사이트

서울일자리포털
job.seoul.go.kr

경기도일자리재단 잡아바
www.jobaba.net

강원일자리정보망
job.gwd.go.kr

충북일자리포털
chungbuk.go.kr/jobinfo/index.do

충남일자리경제진흥원
www.cepa.or.kr

전북일자리센터
www.1577-0365.or.kr

전남일자리통합정보망
job.jeonnam.go.kr

경북일자리종합센터
www.gbjob.kr

경남취업지원센터
gnjob.or.kr

제주일자리 종합정보
jeju.work.go.kr

인천일자리포털
incheon.go.kr/job/index

대전일자리경제진흥원
www.djbea.or.kr

지방자치단체 일자리 정보 사이트

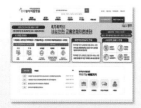

광주일자리플랫폼
gjjobgo.com

대구일자리포털
job.daegu.go.kr

부산일자리정보망
busanjob.net

울산일자리포털
ujf.or.kr/job

경기도 노인 일자리 지원센터
gg.go.kr/oldman_job

세종일자리지원센터
sejong.work.go.kr

광주노인일자리포털
gjsenior.kr

서울시어르신취업지원센터
goldenjob.or.kr

01 퇴직준비

02 계획수립

03 변화관리

04 목표설정

05 실행전략

06 전직성공

07 활용양식

08 부록

민간 지원 기관

KB굿 · 리크루트 · 비즈니스피플 · 사람인

스카우트 · 아이원잡 · 엘리트 코리아 · 원티드

인디드 · 인크루트 · 잡이룸 · 잡코리아

캐치 · 커리어 · 잡플래닛 · 잡이스

월드잡플러스 · 잡부산시대 · 부산일자리정보망 · 사랑방닷컴

5강_실행전략

1 공개 채용시장

2 비공개 채용시장

3 네트워크 활용

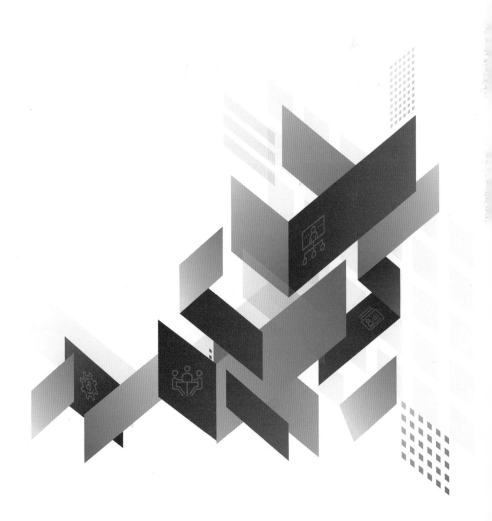

01 공개 채용시장

① 이력서 유형

구분	연대기 중심 이력서	직무 중심 이력서
작성 방법	- 응모 부문 - 인적 사항 - 경력 요약 ※최근 연도순으로 경력사항을 위에서 아래로 - 주요한 성과 - 자격증 - 교육 이수 - 상벌 사항 -기 타	- 인적 사항 - 응모 부분 - 경력 요약 ※최근 연도순으로 경력사항을 위에서 아래로 - 주요 성취 업적 - 상세 경력사항 - 학력 사항(블라인드 채용 시 제외) - 교육 사항 - 수상 실적 - 기타
장점	- 동종 업계로 지원하는 경우 - 경력이 안정적으로 성장 발달한 경우 - 구직목표가 최근 경험과 유사한 경우 - 지원 분야가 전통성이 강한 경우 - 경력상 공백이 없는 경우	- 경력이 지속적해서 성장한 점을 강조할 경우 - 성취 업적을 지원 분야에 강조하려는 경우 - 장기간 한 조직에서만 종사한 경우 - 경력상 이직이나 공백이 많은 경우 - 유사한 일만 종사한 경우
단점	- 구직 목표가 상이한 경우 - 경력이 다양한 경우 - 여러 직장에 종사한 경우 - 직업적으로 공백이 있는 경우	- 구직 목표가 경험과 상이한 경우 - 경험한 직업들이 비교적 연관성이 적은 경우 - 최근 업무에서 경험하지 않은 능력이나 기술 - 직업을 갖지 않은 시기가 있는 경우

2 이력서 체크리스트

구분	평가 항목	평가 척도		
		상	중	하
제목	이력서 제목에 지원 분야와 자신을 대표하는 키워드를 명시하였는가?			
지원 분야	해당 기업 지원 분야와 지원자 연락처가 상단에 기재되었는가?			
사진	최신 정장차림의 단정한 사진이 부착되었는가?			
개인 정보	이름, 생년월일,우편번호,주소,연락처,메일주소가 누락없이 기재되었나?			
학력 사항	학교명, 전공, 학력사항(수료, 졸업, 학위)이 누락 없이 기재되었는가?			
경력 사항	지원 분야와 관련된 경력 사항을 기재하였는가?			
	기관명, 경력 기관, 역할과 세부활동 내용이 기술되었는가?			
	경력 내용이 역할에 따라 구분하여 기술하였는가?			
기술 사항	지원 분야 관련 기술과 지식이 영역별로 정리하였는가?			
	기술 경험에 대한 수준을 기술하였는가?			
자격 면허	지원 분야에 자격이나 면허가 관련되어 있는가?			
	발행 기관, 자격 면허 명칭, 급수, 취득 연월일 등을 점검하였는가?			
해외 경력	활동 국가, 활동 내용, 체류 기간을 누락 없이 점검하였는가?			
	외국어 종류와 수준, 시험 일자를 점검하였는가?			
수상 내역	수여 기관, 수상 명칭, 수상 등급, 수여 연월의 항목을 점검하였는가?			
기타	보훈 대상 및 장애인 여부를 표시하였는가?			

③ 이력서 작성방법

이력서는 대체적으로 채용하는 기관에 따라 지정 양식과 자유 양식으로 구분하게 됩니다. 공공기관이나 지자체에서는 대체로 지정된 양식으로 제출을 요청하며 민간기관은 자유 양식이나 취업포털용 양식으로 제출을 요청합니다. 지정된 양식 이력서는 규격화된 양식으로서 임의로 제시한 내용을 변경하거나 편집할 수 없으며 구성 양식에 맞춰 정확하게 작성하여야 합니다.

특히 제한된 양식 때문에 지원 분야와 관련된 경험을 작성하려는 경우 자기소개서에 작성하는 것을 추천합니다. 자유양식 이력서는 양식에 제약이 없어서 지원 분야에 따라 자유롭게 작성할 수 있습니다. 끝으로 이력서는 지원자의 기초 역량으로 평가받을 수 있기 때문에 문서 작성에 신중히 처리해야 합니다.

기초정보
- 증명사진은 6개월 이내 촬영한 것으로 4계절에 무난한 정장을 선택한다.
- 이름: 한글로 쓴다. 영문이나 한자 이름을 요구하면 별도로 기재한다.
- 연락처: 긴급 연락처를 작성하는 센스를 보이자.
- E-mail: 선입견을 가지게 하는 이상한 영문단어는 사용을 자제하자.
- 집주소: 현재 거주하고 있는 주소를 기재한다.

이 력 서

지원분야	전직 지원	지원구분	경력

사 진 (3X4)	성명	한글		영문	
	생년월일			E-mail	
	연락처	휴대폰		비상연락처	
	주소				

학력사항
- 작성순서: 가장 최근에 졸업한 학교가 맨 위로 올라오게 역순으로 작성한다.
- 출신학교: 학교에서 정식으로 사용하는 이름으로 기재한다.
- 학과(전공): 대학은 학과 이름과 전공, 대학원은 학교에서 사용하는 세부전공을 기재한다.
- 졸업(편입): 졸업(졸업예정), 수료, 편입으로 기재한다.
- 연월기입: 해당월을 기입할 때 01,02··09처럼 사용해야 10, 11, 12월과 정렬이 잘 된다.

01 퇴직준비

02 계획수립

03 변화관리

04 목표설정

05 실행전략

06 전직설계

07 활용양식

08 부록

경력사항

- 작성순서: 가장 최근에 재직한 회사부터 역순으로 기재한다.
- 업무내용: "00회사 영업부"보다 "00회사 영업부 고객응대 10명"처럼 작성을 추천한다.

	기간	근무회사	직위	담당업무	고용형태	퇴사사유
경력 사항						

교육사항(자격사항)

- 교육사항: 지원분야와 관련된 교육사항을 기재한다.
- 자신에게 맞는 자격사항이나 교육사항으로 변경하여 사용한다.

	기간	제목	교육기관	교육내용
교육 사항				

봉사활동

- 지원분야와 관련된 봉사활동 기간과 주관처, 주요 활동내용을 기재한다.
- 지정된 형식이면 중요 내용위주로 간결하게 작성한다.
- 자유 양식이면 남들과 다른 방식으로 뛰어난 성과나 경험을 작성한다.

	기간	봉사활동 주관처	주요 내용
봉사 활동			

서명

- 마지막 부분에 작성일자와 본인 이름을 쓰고 서명도 빠짐없이 한다.
- 인터넷에 무료 온라인 도장 이미지 제작이 가능하다.
- 예전에 사용했던 이력서를 다시 쓰게 되는 경우에는 날짜를 반드시 수정하는 것을 잊지말자.

출처: 이우곤, 최지은(2015), 직업상담사의 직업찾기를 저자가 재구성함.

④ 자기소개서 작성방법 3)

자기소개서의 형식은 두 가지로서 자유형식과 소개 항목을 지정해주는 양식이 있다.

(1) 불필요한 약점 금지: 과장 광고처럼 장황한 문장, 기입해서는 안 될 민감한 정보 등, 변명 또는 겸손이라고 보기에는 자기 비하가 심한 문장 등은 지양하자.

① 종교적 문제와 편향적 사고 성향

- 신앙의 힘으로 어떤 어려움도 잘 견디었으며 …
- 인권은 어떤 상황에서도 잘 지켜야 한다는 강한 믿음을 가진 저는 …

➡ 종교적 신념이 업무에 영향을 줄 수 있다고 판단할 수 있으며 정치적 신념도 밝히지 말라.

② 학력 콤플렉스와 스펙 변명하기

- 서울에서 대학을 나오지 않았지만, 친구들 못지않은 자신감과 왕성한 활동을 했습니다.

➡ 강점을 바탕으로 작성하는 자기소개서에서 약점 기재는 자제하자.

③ 겸손이 지나친 자기 비하의 단점 쓰기

- 영업직 지원자: 활동적이기는 하나 사람을 사귀는 데 시간이 오래 걸리고 낯을 가린다.

➡ 솔직하게 쓰면 진실하게 보일 수 있다는 순박한 전략에서 벗어나 광고적 전략으로 접근하자.

(2) 구체적인 용어 사용

① 추상어 사용의 지루함

- 모든 일에 최선을 다하겠다 .
- 국제적인 경험이 넓은 사고를 갖는데 도움이 많이 되었다.

➡ 인사 담당자들에게 정보로 가치가 없으며 막연함이나 지루함을 줄 수 있다.

② 구체어 지향

- 중국 문구 시장의 DB를 6개월 안에 모두 수집하여 회사의 정보 수집 왕이 되었습니다.

(3) 성장 과정의 핵심은 가정 교육

- 연령대에 따른 인성은 부모 교육에 따라 형성된다고 믿음이 있습니다.
- 부모님이 집중적으로 강조하신 교육 사항이 있습니다
- 성장 과정의 소재는 직업 선택에 영향을 받은 일이나 인물 소개 및 인성 형성에 결정 적인 영향 미친 에피소드 등이 있습니다.

➡ 성장 환경에 따라 회사에 편견이나 기대감이 있을 거라는 편견이 있다.

01 퇴직 준비

02 계획수립

03 변화관리

04 목표설정

05 실행전략

06 전직 성공

07 활용양식

08 부록

(4) 궁금증을 유발하는 소제목

- 사람 욕심과 일 욕심이 많은 금돼지
- 논리와 커뮤니케이션을 합치면 논리 커뮤니케이션
- 위기의 뒷면에 기회와 교훈이 숨어 있다는 것을 알았던 성장 과정
- '그냥'이라는 단어는 일할 때나 배울 때 나올 수 없는 단어이다.
- 매듭 하나라도 꼼꼼하게 묶고 풀어가는 마무리가 확실한 남자
➡ 짧고 쉽게 요약된 소제목으로 첫 시선과 관심을 집중시키는 데 효과적이다

(5) 직무와 적합한 성격

- 어떤 일이든 최선을 다하는 성실한 성격이다
- 완벽하게 일을 해야 하는 꼼꼼한 성격이라서 속도가 늦다는 단점이 있습니다.
- 한번 친구 사귀기는 어렵지만 사귀면 깊고 오래 사귀는 편이다.
- 한번 시작한 일은 절대로 중간에 포기하는 법은 없다.
➡ 자신에 대한 성격 이해 부족으로 뻔한 인사치레 말로 쓰고 있다.
➡ 성격의 장단점은 직무와의 적합성을 살펴보는 것으로 성격의 장단점을 에피소드와 최대한 연결하여 작성하는 것이 필요하다.

(6) 명확한 지원 이유 제시

- 자신이 고객 입장에서 경험한 회사의 이미지를 통한 접근을 추천합니다.
- 직무에 대한 관심을 통한 지원으로 지원 동기를 제시합니다.
- 회사의 경영과 실적에 대한 정보를 바탕으로 하는 관심도를 제시합니다.
➡ 회사에 대한 정보 조사는 다른 경쟁자와 차별화가 될 수 없으며 보편적인 내용으로는 설득력이 부족하다.
➡ 자신만이 가지고 있던 독특한 오프라인에서 경험한 소재를 강하고 진실되게 어필하도록 한다.

(7) 입사 후 포부 내용

- 나의 노력을 통해 회사의 발전에 도모하겠습니다.
- 회사에 뼈를 묻을 각오로 열심히 일하겠습니다.
- 무엇이든지 배우는 자세로 일하겠습니다.
- 부족하지만 젊음의 열정으로 일하겠습니다.

➡ 그저 입사만 하면 열심히 하겠다는 말뿐이며 구체적인 내용이 하나도 없다 자신의 캐릭터 브랜딩 홍보처럼 비전을 제시하는 것이 좋다.

➡ 커리어 로드맵을 통한 자기 계발 사항을 기재하라

(8) 자기소개서 작성 후 시연

프린트하여 글을 읽어 보면서 들여쓰기, 오타, 맞춤법 오류를 체크하고 소리 내어 읽어본다.

---

3) 위 내용은 한국 경력개발진흥원(2014), 커리어 컨설턴트 양성 과정 교육 프로그램(2권)에서 발췌하였음

01 퇴직준비

02 계획수립

03 변화관리

04 목표설정

05 실행전략

06 전직성공

07 활용양식

08 부록

5 자기소개서 사례 4)

정보기술의 트렌드 분석가, OOO입니다.

● 가치관 - 끊임없는 노력으로 후회를 남기지 말자!

일반사원에서 임원으로 오르기까지, 일본어를 독학하시고 MBA를 수료하시며 늘 노력하는 모습을 실천하신 아버지께서는 집 밖에서 자신의 직무에 최선을 다하는 모습을, 안에서는 항상 저희에게 인자한 모습으로 많은 대화를 나누는 자상한 모습으로 격려를 아끼지 않으셨습니다.

● 성격의 장점 - 호기심, 추진력 그리고 긍정적 마인드

하나, 호기심이 강합니다. 궁금한 것에 관심을 갖고 빠져들면 잘 헤어 나오지 못합니다.
둘, 추진력이 강합니다. 일단 목표가 정해지면 실행합니다.
셋, 긍정적으로 생각하며 바라봅니다. 어떤 상황에서도 긍정적인 시야로 보며 사고함으로써 실패 또한 성공을 위한 기회로 여기고 있습니다. 그리고 이러한 태도는 공단 생산팀과 근무할 때 팀 동료들을 격려하고 분위기를 리드함으로써 더 높은 성과를 창출하는 결과로 이어져, 주변까지 변화시킬 수 있는 큰 힘이라는 것을 확인했습니다.

● 성격의 단점 - 끈질김, 자존심, 그리고 덜렁대는 태도

하나. 포기할 줄 모릅니다. 그래서 주변 친구들에게 원성을 살 때가 있습니다. 일을 추진하면서도 조금이라도 가능성이 있다면 도전하려고 하는 면이 강하기에 좀 더 냉철하고 신중하려고 노력합니다.
둘, 자존심이 강합니다. 지길 싫어하고 부탁하는 것에 어색해합니다. 혼자 해결하려는 책임감이 강해서 그렇다고 하지만 좀 더 다른 사람에게 조언을 구하며 소통하려는 노력을 꾸준히 해오고 있습니다.

(중략)

앞으로 제가 어떤 일을 하게 될지는 자세히 알지 못합니다. 또한 제가 사람을 좋아하고 신뢰를 쌓는 방법을 알고 있으며 보다 적극적이고 열정적인 태도로 보다 더 뛰어난 결과를 위해 도전하고 높은 성과를 창출하리라 믿습니다. 귀사와 그 역량을 펼칠 기회를 함께 하고 싶습니다.

위에 입력한 사항은 사실과 틀림없음을 확인합니다.

지원자 O O O 인

---

4) 위 내용은 천기누설 취업에 성공한 사람들의 자기소개서(2011)에서 발췌하였음

6 면접 전략 5)

면접은 질문으로 시작해서 질문으로 끝난다. 면접이 기업의 적합한 인재를 찾는 과정이기 때문에 지원자가 기업이 적합한 인재를 찾는 방법을 이해한다면 취업의 성공 가능성이 더욱더 높아질 수가 있을 것이다. 또한 지원자가 채용될 확률을 높이려면 질문의 유형을 이해하면서 면접관의 관점과 질문 의도를 파악하려는 노력이 필요하다.

<표 5-1>질문의 유형

인성 질문	목표 의식 질문
• 성장 과정 질문(가정생활, 학교생활) • 윤리성 질문(상황 질문에 따른 심층 질문) • 대인관계 및 사회성에 관련된 질문 • 주로 자기소개서 중심의 질문	• 일관성 있는 답변 요구의 질문 • 직업관 및 계획성 있는 철학 • 직무에 연관된 계획 • 샐러리맨과 비즈니스맨 구분
직무 질문	창의성 질문
• 전문 분야 관련 직무 • 회사의 주요사업 및 신문 기사 질문 • 업무 관련 자기 계발 사항 • 채용해야 할 이유(SWOT)	• 정답이 없는 이색 질문 • 적극적으로 대처하는 유연성 판단 • 독특한 시각으로 접근하는 유머 감각

출처: 이우곤 외(2018), 직업상담사의 직업찾기

일반적으로 면접관의 질문은 직접 질문, 과거 행위 질문, 상황 질문 등을 활용한다. 첫째로 직접 질문은 면접관이 구체적인 질문이나 탐색 질문을 통해 지원자가 어떤 사람이며 어떤 성과를 만들어냈는지를 확인하고 싶을 때 사용하는 질문 방법이다.

<표 5-2>직접 질문 사례

면접관 질문	지원자 답변
1. 지원 직무가 영업인데 지원자의 어떠한 부분이 이 직무에 적합한가요?	1-1. 저는 외향적인 성격이라 다양한 사람들을 만나는 것을 좋아합니다
2. 그러면 다양한 분들을 만나서 본인의 활동 영역을 넓힌 사례와 업무적으로 성공한 사례를 구체적으로 말씀해 주세요.	2-1. 작년에 연고도 없는 ○○구 담당으로 발령이 났는데 그곳에서 업무적으로 만난 분들과 매우 가까운 사이가 되었고 그분들 덕분에 성과를 만들 수가 있었습니다.
3. 그 당시 매출 목표와 시장 점유율이 어떠했고 목표 대비 몇 퍼센트의 성과를 달성했는지 말씀해 주세요.	※ 한 단계 한 단계 좀 더 구체적인 질문은 지원자의 생각이 아니라 경험을 이야기하게 한다
4. 그분들에게 어떻게 도움을 받았는지 구체적으로 말씀해 주세요.	

둘째로 과거 행위 질문이다. 면접관은 질문을 통해 지원자의 평소 행동을 알고 싶어한다. 왜냐하면 사람은 현실에 안주하며 변화에 저항하려는 생각이 강하기 때문에 평소 행동은 미래에 회사에서 행동을 유추할 수 있기 때문이다. 면접 전문가들은 과거 행동에 대한 질문기법으로 행동사례 면접기법을 사용하여 지원자의 역량을 평가한다.

<표 5-3> 전통 질문과 행동사례 면접 질문

전통적인 면접 질문	행동사례 면접 질문
팀 과제를 하는데 동료들 간에 갈등이 생기면 어떻게 하겠습니까?	동료들과 팀과제를 수행하는 과정에서 갈등을 경험했던 사례가 있으면 이야기 해주십시오.
과중한 업무 부담이 있을 때는 어떻게 하시겠습니까?	과제가 과중했던 때에 관해서 말씀해 주십시오. 어떻게 그 상황을 해결했습니까?
리더는 어떻게 행동해야 한다고 생각하십니까?	리더 역할을 했던 경험에 대해서 말씀해 주십시오. 구성원들의 팀워크를 끌어올리기 위해 어떤 노력을 했습니까?
담당 업무를 수행하기 힘든 상황이 닥친다면 어떻게 하시겠습니까?	최근 자신에게 닥친 가장 어려운 상황은 어떤 것이었습니까? 그리고 그것을 어떻게 극복했습니까?

전통적인 면접 질문과 행동 사례 면접의 가장 큰 차이점은 생각이 아니라 행동을, 미래가 아니라 과거를 묻는다는 것이다. 전통적인 질문은 미래에 대한 상황이 발생했을 때 지원자의 생각을 묻는 반면에 행동 사례 면접 질문은 과거에 있었던 상황에서 지원자가 어떻게 했는지를 묻는다. 셋째로 상황 질문은 업무 수행 시 일어날 수 있는 사건을 가정하고 그 상황에서 지원자가 어떻게 행동할지 묻는 것이다.

01 토직 준비
02 계획수립
03 변화관리
04 목표설정
05 실행전략
06 전직 실행
07 활용양식
08 부록

---

5) 위 내용은 한근태 외(2021) 면접관을 위한 면접기술의 질문법을 참고하여 작성하였음

<표 5-4> 상황 질문

상황 조건

1. 회사에서 유능한 직원 3명(A, B, C)이 프로젝트 TFT를 구성해 투입되었다.
2. A는 마케팅 담당자, B는 제품 허가 담당자, C는 생산 담당자이다.
3. 돌연 변수가 발생하여 프로젝트가 지연되는 상황이 발생하였다.
4. A는 제품 허가가 늦어져서 마케팅을 할 수 없다고 한다.
5. B는 시제품 생산이 늦어지면서 제품 허가도 늦어져 마케팅을 할 수 없다고 한다.
6. C는 국내에서 처음 생산하는 것이라 시제품 생산이 불확실하다.
7. 당신이라면 어떻게 하겠는가?

질문 가이드 라인

- 지원자가 마케터라면 A 입장에서 답변을 요청해본다.
- 지원자가 허가 담당이라면 B 입장에서 답변을 요청해 본다.
- 지원자가 생산 담당이라면 C 입장에서 답변을 요청해 본다.

채용시장에서 차별화 전략의 하나로써 커버 레터(Cover Letter)와 감사 편지(Thank You Letter)의 활용을 추천한다. 커버 레터(Cover Letter)가 정해진 형식은 없으나 아래 구성 내용을 포함하여 한 페이지를 넘기지 않는 것이 일반적이며 활용양식(7강)을 참고하기 바란다.

<표 5-6> 커버 레터(Cover Letter) 구성 요소

구성	내용
머리글	· 구직자 정보
도입부	· 수취인 정보 · 인사말
첫 단락	· 연락 이유 · 포지션 획득 경로 · 회사 현황, 업적, 역사, 제품 또는 존경심 · 자기소개 · 희망 포지션 이유
중간 단락	· 핵심 보유역량과 성과 · 수행 플랜
마지막 단락	· 면접 기대 메시지 · 감사 인사

출처: 볼트 에디터즈(2009), 조훈 역, 더 볼트 칼리지 커리어 바이블

<표 5-7>감사 편지(Thank You Letter)

 · 면접관에게 면접 기회를 제공해 준 것에 대한 감사의 내용을 편지 형식으로 작성
· 면접 종료 후 24시간 이내에 감사의 편지를 발송

안녕 하십니까?

OOO 인사팀장님

저는 지난 O월OO 일 OOO 부문에 지원하여 면접을 본 OOO입니다.

우선 저에게 면접 기회를 주신 OOO 인사팀장님에게 감사의 말씀을 드립니다.

이번 면접을 통해 OO회사에 대해 좀 더 이해할 수 있는 계기가 되었으며 OO회사 발전에

함께하고 싶은 마음이 간절합니다.

면접 기간 내내 친절한 배려와 격려에 대해 다시 한번 깊은 감사의 인사를 드립니다.

그럼 OO회사의 무궁한 발전과 건승을 바라며 OOO 팀장님의 건강을 기원합니다.

감사합니다.

01 퇴직준비
02 계획수립
03 변화관리
04 목표설정
05 실행전략
06 전직성공
07 활용양식
08 부록

02 비공개 채용시장

1 비공개 채용시장 접근 방식

채용시장의 모습은 공개된 채용시장과 숨겨진 비공개시장이 존재한다. 여기에는 채용자(구인자)와 구직자가 있으며 두 당사자는 동상이몽(同床異夢)이지만 필요조건이 맞으면 구인·구직에 성공하는 것이다. 기업은 호경기이든 불경기이든 필요한 사람은 반드시 뽑아야 한다. 공개된 시장은 채용 담당자들이 제출한 이력서만으로 지원자를 평가하고 판단한다. 더구나 서류심사에 대해 많이 알고 있는 지원자는 면접 기회를 획득할 가능성이 높다. 또한 채용시장은 〈그림 5-1〉처럼 기업에서 인재를 채용하는 방식과 구직자가 일자리를 찾는 방법이 다르며 진행은 철저하게 기업의 입장에서 진행한다는 것이다. 그 이유는 첫째 지원자의 신뢰성 확보이다. 채용자는 조직의 문화나 업무에 대한 정보를 잘 알고 있는 회사 내 구성원의 소개 또는 추천을 가장 선호한다. 둘째 구직자의 적재적시(適材適時)이다. 기업에서는 채용된 사람이 조직에 빨리 적응하여 성과내기를 기대한다. 셋째 기업에서 지불해야 하는 유무형의 비용이다. 적합한 인재에 대비하여 잘못된 인재 채용에 지급되는 비용은 연봉의 2~5배에 달한다고 한다. 따라서 비공개시장은 오랜 직장생활을 한 퇴직자들에게 절대적으로 유리하다.

<그림 5-1> 채용시장의 접근방식

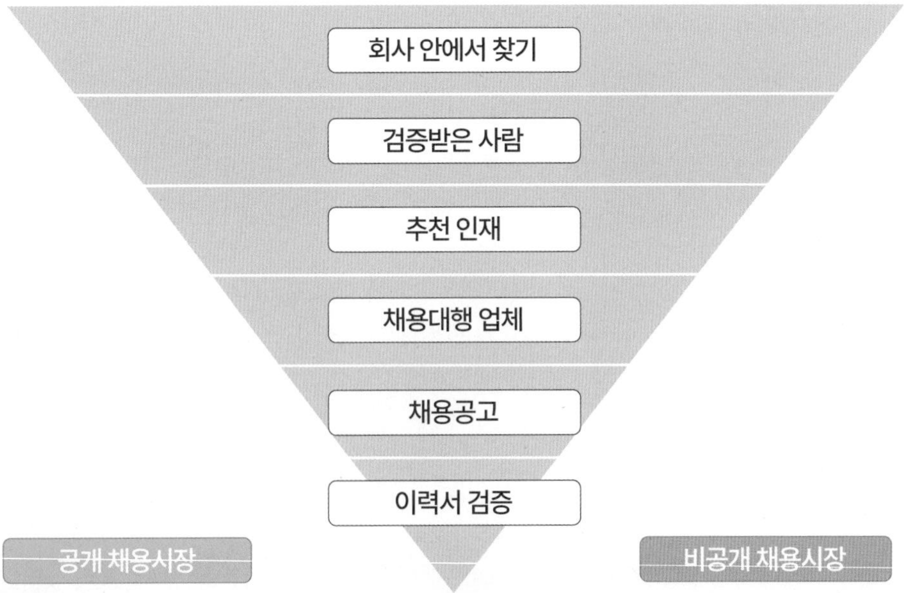

출처: 리처드볼스(2016), 조병주(역), 파라슈트

01 목적준비

02 계획수립

03 변화관리

04 목표설정

05 실행전략

06 전직성공

07 활용양식

08 부록

② 비공개 채용시장 컨설팅

비공개 채용시장은 공개된 채용시장과 다른 관점으로 시작하며 컨설팅 기법을 활용하여 진행하는 것이 핵심이다. 지원자에 대한 채용 컨설팅은 전문지식을 활용하여 문제해결을 위한 조언과 역량을 제공하는 것이며 동시에 문제해결을 위한 도구 사용을 특징으로 하고 있다. 구체적으로 설명하자면 다음과 같은 절차로 채용 컨설팅을 진행하면서 각 단계마다 목표를 지니고 있다.

<표 5-5>비공개 채용컨설팅 프로세스

구분	목표
시장조사	희망 기업 발굴(온라인, 오프라인)
이슈 탐색	기업 이슈 정보 수집
비즈니스 모델	타깃 기업 가치 제공 발굴
제안서 작성	문제해결 제안
면접	취업 성공

(1) 비공개 채용컨설팅 방법

비공개 시장에서 시장조사는 노출되지 않은 채용 정보를 선제적으로 발굴하는 초기의 단계이며 준비 과정에 있어서 가장 많은 시간을 필요로 한다. 시장 조사의 내용은 진로 설정을 위해 목표 기업이 속해 있는 산업 분석, 기업 분석, 직무 분석을 실시하며 조사 방법은 온라인 활동과 오프라인 활동으로 진행한다.

<표 5-5>비공개 채용컨설팅 프로세스

온라인 활동으로는 인터넷 검색기능을 활용하여 목표 기업의 정보 또는 산업 정보 및 시장 보고서를 수집하면서 이슈 탐색을 병행한다. 오프라인 활동으로는 산업이나 기업이 속해 있는 취업 박람회 또는 세미나에 참석하거나 네트워크를 활용하여 지인의 추천을 받거나 면담 요청을 하는 것이다. 비즈니스 모델은 제안서 작성을 위한 사전 단계로서 목표 기업에 제안 가치를 도출하기 위한 단계이다.

③ 헤드헌터(Headhunter) [6]

퇴직자의 재취업 채널 중에 하나는 헤드헌터(Headhunter)를 이용하여 취업할 수 있으며 모든 퇴직자가 이용할 수 있는 것은 아니다. 헤드헌터(Headhunter)의 정확한 명칭은 '이그제 큐티브 서치(Executive Search)' 라고 하며 컨설턴트(Consultant)와 리서처(Researcher) 로 구분하지만 작은 규모의 업체에서는 한 사람이 겸직을 하면서 일을 한다. 컨설턴트 (Consultant)는 구인회사 발굴을 위한 활동을 하며 리서처(Researcher)는 헤드헌터 (Headhunter)의 업무를 보조하는 역할을 한다. 그들은 헤드헌팅업을 전문적으로 하는 서치 펌(Search Firm) 회사에 소속되어 일한다. 그들의 역할은 기업의 요청에 의해 기업에 적합한 직위와 고급 인력을 물색하여 적합한 인재를 찾아준다. 그와 동시에 기업에서 필요로 하는 고급 인재에 대한 평가와 관리에서부터 구인 기업체가 원하는 매칭해서 선발까지 기업의 인적 관리에 중요한 역할을 담당한다.

<그림 5-3> 개인회원 서비스 진행과정

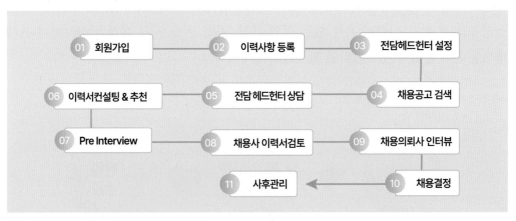

출처: 오성환 외(2011), 고용 서비스업의 창업 경영

---

6)위 내용은 오성환외(2011), 고용서비스업의 창업경영에 헤드헌팅업을 참고하여 작성함.

01 목적준비
02 계획수립
03 변화관리
04 목표설정
05 실행전략
06 전직성공
07 활용양식
08 부록

구직회사가 헤드헌터를 이용하는 이유는 신속한 인재 발굴과 채용에 있다. 이에 비하여 공개 채용 시 적합하지 않은 많은 지원자들의 지원으로 인한 비용 발생과 경제적 손실, 채용준비를 위한 시간 낭비와 행정력 손실 등 비효율성을 들 수 있다. 구직자 입장에서 헤드헌터 이용은 경력 관리에 대한 조언뿐만 아니라 취업이나 전직이 성공될 때까지 제반 업무를 대행해 준다. 더구나 구직자는 노동시장에서 자신의 능력에 정당한 대우와 보수를 받지만 자신의 부족한 점을 보완할 수 있는 기회가 될 수가 있다.

이처럼 구인회사와 구직자를 중개하는 순기능에 비해 구직자가 헤드헌터를 활용할 경우 주의할 점도 있다. 서치 펌(Search Firm)의 전문 분야와 헤드헌터의 전문성을 확인할 필요가 있다. 그 이유로는 우리나라도 사회와 산업 발달에 따라 서치 펌도 전문 분야별 전문화되고 있기 때문이다. 일반적인 서치 펌의 영업 특성은 비즈니스 인맥이나 추천을 통해 구직자를 찾는데 비해 광고에 의한 구직자 모집은 한 번쯤 의심할 필요가 있다. 마지막으로 구직자는 헤드헌터에게 커리어에 관한 조언을 요청하여 판단하는 것도 좋은 방법이다.

3 네트워크 활용 6)

취업에서 네트워크 활용은 현대를 살아가는 우리가 생각할 수 있는 방법 중에 하나이다. 인간관계는 온라인 오프라인 관계를 구별하지 않고 이루어지면 이런 의미에서 네트워크는 두 가지 방법으로 접근할 수 있다. 첫째가 온라인에서 소셜미디어를 활용하여 정보를 획득할 수 있으며 대표적인 사이트가 글로벌에서는 링크트인(LinkedIn), 국내에서는 탤런트 뱅크(Talent Bank), 크몽(Kmong), 숨고(Soomgo) 등 전문가 중심의 사이트나 전문 분야 커뮤니티 등을 활용할 수 있다.

또한 전통적 네트워크 취업은 주변 친구, 친지, 지인을 통해 비공개 채용시장에서 활발하게 이루어지고 있다〈표 5-7〉. 통계청(2023) 자료에 의하면 55~79세 중 지난 1년간 구직 경험자의 구직 경로가 고용노동부 및 기타 공공 취업 알선 기관(35.7%), 친구, 친지 소개 및 부탁(32.1%), 민간 취업 알선기관(10.6%) 순으로 높았다.

<표 5-7> 지난 1년간 구직 경험자의 구직 경로

분류	2022.5			2023.5			증감		
	구직 경험자	남자	여자	구직 경험자	남자	여자	구직 경험자	남자	여자
전체규모	3,119	1,583	1,535	3,059	1,546	1,513	-60	-38	-22
고용노동부 기타 공공 취업알선 기관	1,102	432	671	1,092	438	654	-10	6	-17
민간 취업 알선기관	376	212	164	325	187	139	-50	-25	-25
신문 잡지 인터넷 등	286	141	144	313	127	186	28	-14	42
사업체 문의 및 방문	268	160	108	268	162	106	0	2	-2
친구 친지 소개 부탁	1,015	592	423	982	586	396	-33	-6	-28
그 외1)	73	47	26	79	46	33	6	-1	8
전체 구성비	100.0	100.0	100.0	100.0	100.0	100.0	-	-	-
고용노동부 기타 공공 취업알선 기관	35.3	27.3	43.7	35.7	28.3	43.2	0.4	1.0	-0.5
민간 취업 알선기관	12.0	13.4	10.7	10.6	12.1	9.2	-1.4	-1.3	-1.5
신문 잡지 인터넷 등	9.2	8.9	9.4	10.2	8.2	12.3	1.0	-0.7	2.9
사업체 문의 및 방문	8.6	10.1	7.0	8.8	10.5	7.0	0.2	0.4	0.0
친구 친지 소개 부탁	32.5	37.4	27.6	32.1	37.9	26.1	-0.4	0.5	-1.5
그 외1)	2.3	3.0	1.7	2.6	3.0	2.2	0.3	0.0	0.5

주1) 자영업 준비, 기타
출처: 통계청(2023), 경제활동인구 조사(고령층 부가 조사 결과)

6강_전직 성공

1 전직 성공에 대한 기본적 점검
2 중소기업의 특성
3 의사소통 능력
4 대인관계 능력

01 전직 성공에 대한 기본적 점검

퇴직자는 많은 노력과 취업 과정을 통과하면서 새로운 직장을 맞이하게 된다. 특히 일정 규모 이상의 기업에서 직장 생활을 해온 퇴직자들은 주로 중소기업으로 재취업을 하면서 자신의 의도와 달리 조직 환경에 적응하지 못하고 퇴사하는 사례가 빈번하게 발생한다. 이러한 발생 원인으로는 오랜 경력을 지닌 퇴직자인 경우 중소기업에 대한 이해 부족에서부터 자신만의 의사소통 스타일이 있다. 특히 견고한 자아정체성이 바뀐 직장 환경과 조직문화에 적응하는 데 어려움을 느끼는 등 다양한 원인을 지니고 있다.

한국의 기업은 대기업, 중견기업, 중소기업 등 규모에 따른 계층적 구조에서 볼 때 퇴직 후 재취업의 성공률을 높이는 것은 눈높이를 낮춰서 지원하는 것이다. 즉 화려했던 과거의 경력에서 벗어나려는 겸손한 태도, 다양한 업무 영역을 처리해야 하는 조직문화의 순응, 경쟁보다는 조직 구성원들과 협업 및 친화력 등 중소기업의 환경에 적응하려는 자세가 필요하다. 신현만(2009)은 직장에서 생존은 조직의 이해부터 시작한다고 했으며 회사에서 요구하는 인재는 문제 해결형 인재, 회사에 헌신과 노력을 중시하는 충성심이 강한 인재, 숙련성보다 전문성을 지닌 인재 그리고 희소성 가치를 향한 도전적 인재라고 했다. 따라서 퇴직자가 전직이나 재취업에 성공하였다면 새로운 조직에 적응하기 위한 기본적인 내용을 숙지할 필요가 있다.

02 중소기업의 특성

오랜 직장경력을 지닌 퇴직자의 경우 희소성이 있는 직무나 전문성을 지닌 퇴직자를 제외하고는 중소기업으로 전직이 불가피하다. 중소기업으로 전직은 직장 생활에 대한 사고의 전환이 필요하다. 이러한 사고의 전환은 라이프 플랜(Life Plan)의 재점검으로부터 시작하여야 한다. 한편 대기업에서 일은 경쟁적 기업 문화였다면 중소기업의 기업 문화는 관계 중심적 기업 문화를 이루고 있어 전직한 퇴직자의 경우에는 새로운 기업 문화의 적응이 아주 중요한 요인으로 생각하게 되었다.

특히 중소기업은 오너 중심의 경영 체계 아래에서 상황 대처형 업무나 업무 역할의 불명확 및 넓은 범위 업무로 인해 사소한 업무를 놓치게 되는 일들이 발생한다. 또한 회사의 비전이나 근무 환경의 열악함, 잦은 이직 문화나 고용 불안정 등 많은 취약함을 보이고 있다. 따라서 어렵게 취업한 중소기업에서 보람되고 의미 있는 직장 생활을 위해서는 중소기업에 대한 경영 구조나 기본적인 특성은 이해할 필요가 있다.

① 중소기업의 강점과 약점

강점	약점
· 경영자의 의지와 전달력	· 경영자를 향한 절대적 의존
· 상황에 대한 신속한 대처력	· 구성원 중심의 조직 문화
· 임직원의 진정성과 충성도	· 업무 역할의 불명확화
· 경영 목표에 대한 집중화	· 경영 전략의 취약성
· 밀도 높은 조직문화	· 조직 구성원들의 동기 부여 저하
· 휴머니즘적 배려와 태도	· 시스템 관리 취약

01 퇴직 준비

02 계획 수립

03 변화 관리

04 목표 설정

05 실행 전략

06 전직 성공

07 활용 양식

08 부록

03 의사소통 능력 [7)]

퇴직자의 진정한 전직이나 재취업은 새 직장에 적응해서 근속하는 것이다. 그러나 기존의 직장 생활처럼 새로운 직장에서도 구성원 각각이 개인적이고 시대적인 문화적 배경을 갖고 있다. 또한 퇴직자의 새로운 직장생활의 적응은 직무 수행과 직무 만족에 매우 중요한 요소이며 조직 구성원들과 의사소통의 갈등은 직장생활의 부적응을 야기한다. 특히 의사소통은 상대방과 대화나 문서에 대한 의견 교환 시 상호 간에 정확한 의미를 전달하는 것이다.

인간이 다른 종(種)에 비해 우월한 것은 다양한 소통 방식을 갖고 있기 때문이다. 일반적으로 의사소통은 언어적 소통, 비언어적 소통, 문서적 소통이 있으며 개개인에 따라 선호하는 소통 방식이 다양하다. 또한 기업에서 의사소통 능력은 매우 중요하며 주로 언어를 통한 의사소통과 문서를 통한 의사소통을 한다. 이를테면 기업에서 의사소통이나 정보 공유의 방식을 면대면 의사소통, E-메일, 문자 메시지, 전화 통화, 화상 통화 및 SNS 등 다양한 방식으로 이루어지고 있으며 이러한 소통 방식은 회사 업무에 깊숙하게 자리를 잡고 있어서 직장 생활을 위해서는 필수적으로 숙지하고 있어야 한다.

① 소통의 3가지 유형

수단	장점	단점
언어적	· 보다 빠름 · 즉각적인 피드백 · 개인적이고 자발적임 · 즉각적인 상호작용	· 기록이 보존되지 않음 · 갈등이 발생할 경우 안전장치가 없음
문서적	· 공식적인 기록이 존재 · 보다 정확함 · 보다 신뢰적임	· 즉각적인 피드백 배제 · 자발성이 결여됨
비언어적	· 언어적인 것보다 정확함	· 혼란을 초래할 수 있음

출처: 김보경 외(2016), 성공적인 취업과 자기 역량 강화

반면에 의사소통의 저해 요인으로는 첫째는 메시지의 상호전달 과정에서 엇갈린 정보에 대한 상호 작용 부족이다 둘째는 분명하지 않은 메시지로 인한 잘못된 소통이다. 마지막으로는 이심전심(以心傳心)과 같은 관계의 미덕이라는 잘못된 선입견이다. 이러한 의사소통의 저해 요인을 효과적인 소통 방식으로 바꾸기 위해서는 긍정적 행동의 결과를 제공해 주는 피드백, 이해할 수 있는 손쉬운 언어를 사용하면서 감정적 언어를 자제하는 적극적인 경청, 잘못된 편견의 배제, 상대에 대한 인격과 존재에 대한 인정, 조직 활성화를 위한 협력과 이해의 도구라는 인식 등이다.

---

7) 의사소통 능력은 NCS(Nation Competency Standards)의 직업 기초능력 가이드북을 참고하여 정리하였음

아트 마크면(2020)은 직장 내 의사소통 과정에서 어려운 대화의 상황을 3가지로 주장하였다. 첫째 남들에게 절대 알리고 싶지 않은 것을 공개할 때 둘째 나쁜 소식을 전해야 할 때 셋째 타인과 이해충돌을 해결해야 할 때라고 했다. 특히 직장 내에서 동료들 간의 갈등은 해결하기가 쉽지는 않다. 여기에는 제3자에 의해 중재나 갈등을 중재해 주는 회사 내의 옴부즈맨(Ombudsperson) 제도를 활용할 수 있다고 했다. 또한 국가직무 능력표준(NCS: National Competency Standards)에서는 조직에서 의사소통 능력이 다음과 같은 내용으로 제시되었다.

❷ 의사소통 능력의 구성

분류		내용
의사 소통 능력	문서이해 능력	일 경험에서 요구되는 문서이해능력은 복잡하고 다양한 문서를 읽고 그 내용을 이해하고 요점을 파악하는 능력이다
	문서작성 능력	직장생활에서 요구되는 업무의 목적과 상황에 적합한 아이디어 또는 정보를 전달할 수 있도록 문서를 작성할 수 있는 능력이다
	경청 능력	타인의 이야기에 관심을 갖고 들으며 공감하는 능력이다
	의사표현 능력	말하는 사람이 자신의 생각과 감정을 듣는 사람에게 음성언어나 신체언어로 표현하는 능력이다
	기초 외국어 능력	일 경험을 위해 외국어로 된 간단한 자료를 이해하거나 외국인의 의사 표현을 이해하는 능력이다

● 의사소통 수준표

1) 의사소통 능력

구분	문 항	매우 미흡	미흡	보통	우수	매우 우수
의사 소통 능력	1. 나는 의사소통의 중요성을 설명할 수 있다					
	2. 나는 의사소통 능력과 종류를 구분하여 설명할 수 있다					
	3. 나는 의사소통을 적절히 하여야 하는 이유를 설명할 수 있다					
	4. 나는 올바른 의사소통을 저해하는 요인에 대해 설명할 수 있다					
	5. 나는 올바른 의사소통을 저해하는 요인을 제거하는 방법에 대해 설명할 수 있다.					
	6. 나는 효과적인 의사소통능력을 개발하기 위한 방법을 설명할 수 있다					

01 퇴직 준비

02 계획수립

03 변화관리

04 목표설정

05 실행 전략

06 전직 성공

07 활용양식

08 부록

●점검표

구분	점수	총점	총점 / 문항 수
의사 소통능력	1점 X (　)점		총점 / 6 = (　)
	2점 X (　)점		
	3점 X (　)점		
	4점 X (　)점		
	5점 X (　)점		

2) 문서이해능력

구분	문 항	매우 미흡	미흡	보통	우수	매우 우수
문서 이해 능력	1. 나는 문서가 무엇인지 설명할 수가 있다					
	2. 나는 문서이해의 개념과 특성에 관해 설명할 수 있다					
	3. 나는 문서이해의 중요성에 관해 설명할 수 있다					
	4. 나는 문서이해의 구체적인 절차와 원리를 설명할 수 있다					
	5. 나는 문서를 통한 정보 획득과 종합 방법을 설명할 수 있다					
	6. 나는 다양한 문서의 종류를 구분하여 설명할 수 있다					
	7. 나는 다양한 문서에 따라 각기 다른 이해 방법을 알고 있다					
	8. 나는 문서 이해능력을 키우기 위한 방법을 알고 설명할 수 있다					

●점검표

구분	점수	총점	총점 / 문항 수
문서 이해능력	1점 X (　)점		총점 / 6 = (　)
	2점 X (　)점		
	3점 X (　)점		
	4점 X (　)점		
	5점 X (　)점		

3) 문서 작성능력

구분	문 항	매우 미흡	미흡	보통	우수	매우 우수
의사 소통 능력	1. 나는 직업생활에서 필요한 문서가 무엇인지 확인할 수 있다					
	2. 나는 문서를 작성해야 하는 목적과 상황을 파악할 수 있다					
	3. 나는 내가 주로 작성하는 문서가 어떻게 작성되어야 하는 지 방법을 설명할 수 있다					
	4. 나는 문서 종류에 따라 적절하게 문서를 작성할 수 있다					
	5. 나는 문서작성에서 시각적인 표현의 필요성을 설명할 수 있다					
	6. 나는 문서작성에서 시각적인 표현을 효과적으로 사용할 수 있다					

● 점검표

구분	점수	총점	총점 / 문항 수
문서 이해능력	1점 X ( )점		
	2점 X ( )점		
	3점 X ( )점		총점 / 6 = ( )
	4점 X ( )점		
	5점 X ( )점		

4) 경청 능력

구분	문 항	매우 미흡	미흡	보통	우수	매우 우수
의사 소통 능력	1. 나는 경청의 개념을 설명할 수 있다					
	2. 나는 경청의 중요성을 설명할 수 있다					
	3. 나는 올바른 경청을 방해하는 요인들을 설명할 수 있다					
	4. 나는 효과적인 경청 방법에 대해 설명할 수 있다					
	5. 나는 경청 훈련을 통해 올바른 경청 방법을 실천할 수 있다					

● 점검표

구분	점수	총점	총점 / 문항 수
문서 이해능력	1점 X ( )점		
	2점 X ( )점		
	3점 X ( )점		총점 / 6 = ( )
	4점 X ( )점		
	5점 X ( )점		

01 목적 준비
02 계획 수립
03 변화 관리
04 목표 설정
05 실행 전략
06 전직 성공
07 활용 양식
08 부록

5) 의사 표현 능력

구분	문 항	매우 미흡	미흡	보통	우수	매우 우수
의사 소통 능력	1. 나는 의사 표현의 개념을 설명할 수 있다					
	2. 나는 의사 표현의 중요성을 설명할 수 있다					
	3. 나는 원활한 의사표현을 방해하는 요인들을 설명할 수 있다					
	4. 나는 효과적인 의사 표현 방법에 대해 설명할 수 있다					
	5. 나는 설득력 있는 의사 표현을 실천할 수 있다					

● 점검표

구분	점수	총점	총점 / 문항 수
문서 이해능력	1점 X ( )점		총점 / 6 = ( )
	2점 X ( )점		
	3점 X ( )점		
	4점 X ( )점		
	5점 X ( )점		

6) 기초 외국어 능력

구분	문 항	매우 미흡	미흡	보통	우수	매우 우수
의사 소통 능력	1. 나는 직업생활에서 필요한 기초 외국어 능력이 무엇인지 설명할 수 있다					
	2. 나는 직업 생활에서 기초 외국어 능력이 왜 필요한지 설명할 수 있다					
	3. 나는 기초 외국어 능력이 필요한 상황을 알 수 있다					
	4. 기초 외국어 능력으로서 비언어적 의사 소통 방법을 설명할 수 있다					
	5. 나는 기초 외국어능력을 향상시키는 방법을 설명할 수 있다					

● 점검표

구분	점수	총점	총점 / 문항 수
문서 이해능력	1점 X ( )점		총점 / 6 = ( )
	2점 X ( )점		
	3점 X ( )점		
	4점 X ( )점		
	5점 X ( )점		

04 대인관계 능력 [8]

대인관계 능력은 직업 생활에서 조직 구성원들과 협력적 관계를 유지하면서 조직 내부 및 외부의 갈등을 원만하게 해결하고 상대방의 요구에 대해 능동적으로 충족시켜 주는 능력이라고 했다.

● 대인관계 스타일

전혀 그렇지 않다	약간 그렇다	상당히 그렇다	매우 그렇다
1	2	3	4

	문 항	1	2	3	4
1	자신감이 있다				
2	꾀가 많다				
3	혼자 있는 것을 좋아한다				
4	쾌활하지 않다				
5	마음이 약하다				
6	다툼을 피한다				
7	인정이 많다				
8	명랑하다				
9	추진력이 있다				
10	자기 자랑을 잘한다				
11	냉철하다				
12	붙임성이 없다				
13	수줍음이 있다				
14	고분고분하다				
15	다정다감하다				
16	붙임성이 있다				
17	고집이 세다				
18	자존심이 강하다				
19	독하다				
20	비사교적이다				
21	온순하다				
22	단순하다				
23	관대하다				
24	열성적이다				
25	지배적이다				
26	치밀하다				
27	무뚝뚝하다				
28	고립되어 있다				
29	조심성이 많다				
30	겸손하다				

01 목적 준비
02 계획 수립
03 변화관리
04 목표 설정
05 실행 전략
06 전직 성공
07 활용양식
08 부록

31	부드럽다				
32	사교적이다				
33	자기주장이 강하다				
34	계산적이다				
35	따뜻함이 부족하다				
36	재치가 부족하다				
37	추진력이 부족하다				
38	솔직하다				
39	친절하다				
40	활달하다				

출처: 홍영자(2007), 의사소통의 심리학, 학지사

● 원형 차트

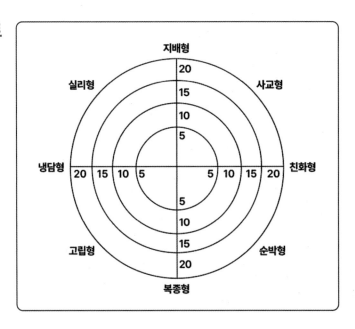

✎ 채점과 해석

- 각 유형별 문항에 대한 응답을 아래 칸에 합산하세요. 그리고 아래 원형 차트에 자신의 점수를 ●표로 표시하고 점수들을 연결하여 팔각형의 점들을 연결하세요

- 팔각형 점 모양을 이어서 특정 방향으로 기울어진 형태일수록 그 방향에 대인관계 의사소통 방식이 강하다고 해석한다(이 결과는 자신의 대인관계 의사소통에 대하여 주관적으로 지각한 것일 뿐이며 고정관념을 갖지 않도록 유의한다)

---

8) 대인관계 능력은 NCS(National Competency Standards) 직업 기초능력 가이드북을 참고하여 정리하였음

채점

유형	점수	유형	점수
· 지배형(1, 9, 17, 25, 33)		· 실리형(2,10,18,26,34)	
· 냉담형(3,11,19,27,35)		· 고립형(4,12,20,28,36)	
· 복종형(5,13,21,29,37)		· 순박형(6,14,22,30,38)	
· 친화형(7,15,23,31,39)		· 사교형(8,16,24,32,40)	

유형별 특성

유형	특성	보완점
지배형	• 자신감이 있고 자기주장이 강하며 지도력이 있음 • 논쟁적 독단이 강하며 대인 갈등을 겪을 수 있음	• 타인의 의견을 경청하고 수용하는 자세가 필요함 • 타인에 대한 자신의 지배적 욕구를 깊이 살펴보는 시간이 필요
실리형	• 이해관계에 예민하고 성취 지향적임 • 경쟁적, 자기 중심적, 타인에 대한 관심과 배려가 부족함	• 타인의 입장을 배려하고 관심을 갖는 자세가 필요함
냉담형	• 이성적인 의지력이 강함 • 타인의 감정에 무관심, 거리감, 피상적 대인 관계	• 타인의 감정 상태에 관심을 가지고 긍정적 감정을 부드럽게 표현하는 기술이 필요
고립형	• 혼자 있거나 혼자 일하는 것을 선호함 • 사회적 상황을 회피, 자신의 감정을 지나치게 억제함	• 대인관계의 중요성을 인식하고 타인에 대한 비현실적인 두려움의 근원에 대해 깊이성찰해 볼 것
복종형	• 타인의 의견을 잘 듣고 따름 • 수동적, 의존적, 자신감이 없고 자기주장성이 떨어짐	• 적극적인 자기표현과 자기주장이 필요함
순박형	• 단순, 솔직, 너그럽고 겸손한 경향 • 자기 주관이 부족함	• 타인의 의도를 헤아려 보고 행동하는 신중함과 자신의 주장이 필요
친화형	• 따뜻하고 인정이 많고 자기희생적임 • 타인의 요구를 거절하지 못함	• 타인을 즐겁게 하려고 지나치게 노력함 • 타인과 정서적 거리를 유지하려는 노력이 필요함
사교형	• 외향적이고 쾌활하며 대화하기를 선호함 • 인정하는 욕구가 강함	• 타인에 대한 관심이 많아서 간섭하는 경향이 있고 흥분을 잘하고, 충동적임 • 심리적으로 지나친 인정 욕구가 있고 그 근원에 대한 통찰이 필요함

01 퇴직 준비

02 계획수립

03 변화관리

04 목표설정

05 실행 전략

06 전직 성공

07 활용양식

08 부록

전직이나 이직으로 새 회사에 적응하려면 우선 목표를 기존 조직원들과 화합하여 친밀도를 높이는 일로 목표를 정해야 한다. 또한 회사의 조직 분위기도 잘 살펴보고 어떻게 처신하는 것이 외부인 취급을 받지 않고 같은 동료로 받아들여지는지도 귀 기울여야 한다. 더불어 직책에 적합한 태도와 자세는 신뢰 구축에 중요한 요소이며 구성원들과 의사소통은 신뢰 형성뿐만 아니라 갈등 관계를 해소하는 데 실마리를 제공해 주기도 한다.

직장에서 동료들과 관계는 가깝거나 불편한 관계가 존재하며 불편한 동료와의 마찰이나 갈등은 사과를 통해 관계 회복을 하거나 아니면 더욱더 친밀한 동료로 기대를 할 수가 있다. 그렇다면 인간관계에서 신뢰 구축을 위한 방법에는 다음 5가지 방법이 있다. 첫째는 역지사지(易地思之)의 마음이다. 사람은 서로의 모습이나 생각이 다르므로 작은 배려나 양보가 인간관계의 유대를 증가시킨다. 둘째는 인간은 감정적 동물이기 때문에 사소한 감정이 부작용으로 나타나면 커다란 손실로 나타나며 작은 친절이나 예의가 큰 반향을 일으킨다. 셋째는 언행일치(言行一致)이다. 약속에 대한 책임이나 언어에 대한 행동일치는 이면에 성실함이 내포되어 있으며 사실에 대한 실현이다. 넷째는 대인관계의 손상은 신뢰의 붕괴이다.

데일 카네기(Dale Carnegie)는 사람들의 역량을 최대한 끌어올리는 방법이 인정과 격려라고 했다. 상대에 대한 인정의 태도로서 칭찬과 감사의 마음은 신뢰 관계의 중요한 역할을 한다. 마지막으로 진정성이 있는 진솔한 태도이다. 인간관계의 상황은 예측 불허의 돌발변수가 항상 잠재해 있으므로 그것을 대하는 앞·뒤 모습의 자세나 태도는 누구에게나 비치게 되어있다. 특히 사람들은 잘못이나 실수에 대한 진솔한 사과를 통해 그 사람의 진정성 있는 태도를 엿볼 수가 있다.

7강_활용 양식

여가 활동 진단

아래 질문은 자유시간이 주어졌을 때 어떻게 활용하는지를 알아보기 위한 것이며 아래에 질문을 읽고 나에게 가깝다고 생각하는 것에 '예/아니요' 표시해 주세요.

※오래 생각하지 말고 직관적으로 떠오르는 답을 선택합니다.

번호	내 용	예	아니오
1	시간이 날 때 주로 집에서 TV, DVD, 비디오 보는 것을 좋아하지 않는다		
2	새로 개봉되는 영화는 거의 보러 간다		
3	쇼핑하러 가는 것을 좋아한다		
4	친구들과 만나서 식사하고 차 마시며 이야기 나누는 것을 좋아한다		
5	혼자 있기 보다는 새로운 사람을 만나러 나가는 것을 좋아한다		
6	운동하는 것을 좋아하고 규칙적으로 하는 운동이 있다		
7	문화행사에 참여하는 것을 좋아하며 자주 한다		
8	특별한 목적 없이 낮잠 자고 쉬는 것보다 밖에 나가 활동하는 것을 좋아한다		
9	혼자 하는 인터넷 게임이나 컴퓨터로 서핑하는 것을 좋아하지 않는다		
10	혼자 보내기보다 누군가와 어울리며 시간을 보내는 것을 좋아한다		
11	가까운 곳에 드라이브 가는 것을 좋아한다		
12	휴가나 여행 떠나는 것을 좋아한다		
13	종교 모임이나 단체 활동을 적극적으로 참여한다		
14	봉사활동 또는 유사한 모임이나 단체에 참가한다		
15	전화로 얘기하는 것을 좋아하고 시간이 될 때마다 자주 통화한다		
16	아무것도 안 하고 그냥 쉬는 것을 좋아하지 않는다		
17	시간이 될 때 되도록 무언가 배우려 하고 배울 수 있는 장소를 찾아다닌다		
18	지속해서 활동하는 취미생활이 있다		
19	혼자 음악 듣는 것보다 콘서트장이나 노래방 등을 다니는 것을 더 좋아한다		

출처: 중앙 노후 준비지원센터(2023) 재인용

자기 탐색 종합 정보

구분	탐색 내용		추천 직업
직업 선호도 검사			
성격 검사	MBTI		
	Enneagram		
적성 검사	상		
	하		
가치관 검사			
직업 적성검사			
탐색정보 정리			

01 퇴직준비

02 계획수립

03 변화관리

04 목표설정

05 실행전략

06 전직성공

07 활용양식

08 부록

SWOT 분석 전략

자신의 SWOT분석

S(강점)
자신이 남보다 뛰어난 강점

W(약점)
자신이 남보다 뛰어난 약점

O(기회)
외부로부터 기회가 되는 요소

T(위기)
외부로부터 오는 위험 요소

1단계 **환경분석**

나 자신의 향후 재취업을 위하여 외부 환경분석과 스스로의 내부요인을 분석한다.

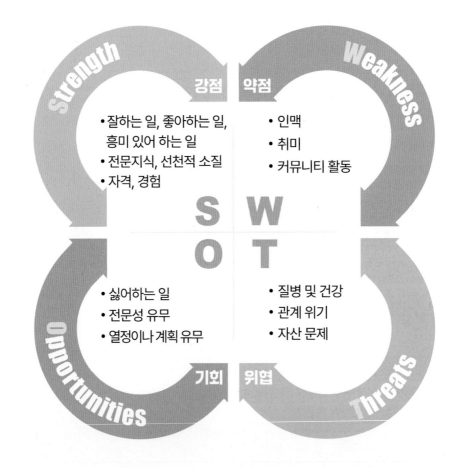

Strength 강점
- 잘하는 일, 좋아하는 일, 흥미 있어 하는 일
- 전문지식, 선천적 소질
- 자격, 경험

Weakness 약점
- 인맥
- 취미
- 커뮤니티 활동

Opportunities 기회
- 싫어하는 일
- 전문성 유무
- 열정이나 계획 유무

Threats 위협
- 질병 및 건강
- 관계 위기
- 자산 문제

2단계 **전략목표 개발(SO, ST, WO, WT)**

구 분	기회(O) ① ② ③	위협(T) ① ② ③
강점(S) ① ② ③	SO(공격)	ST(다양화)
약점(W) ① ② ③	WO(방향전환)	WT(방어)

3단계 Action Plan 수립

순위	누가(Who)	무엇을(What)	언제까지(When)	어떻게(How)

자격정보 탐색하기

자격증명			
자격증 개요			
자격 구분	국가자격 (　　) 민간자격 (　　)	실시기관	
전문 분야			
시험일			
시험과목	교육이수 (과목)		
	자격시험 (과목)	1차 (필기)	
		2차 (실기)	
수행 직무			
진로 전망			

출처: 한국고용정보원(2018) 직업선택 및 취업계획 수립에 관한 직업상담 매뉴얼

채용정보 탐색하기

기업명		채용공고 명	
모집 직종		직무 내용	
지원 자격	경력 조건		
	학력 조건		
	고용 형태		
	근무 형태		
	근무 시간		
	근무 예정지		
	임금		
	복리 후생		
우대 사항			
전형 방법	모집 인원		
	전형 방법		
	접수 방법		
	제출 서류 준비물		
	제출 서류 양식		
	접수 마감일		
채용 담당자		정보 출처	

출처: 서현주 외(2019), 취업지원서비스 제공을 위한 취업상담 매뉴얼 p220

의사결정을 위한 대차대조표

비교항목	직업명		
나의 적성에 맞는가?			
나의 흥미에 맞는가?			
나의 성격에 맞는가?			
나의 가치에 맞는가?			
전용성 소질은?			
나의 능력으로 할 수 있는가?			
내가 희망하는 보수수준과 맞는가?			
근무조건이 마음에 드는가?			
미래 전망이 밝은가?			
합계			

출처: 서현주 외(2019), 취업지원서비스 제공을 위한 취업상담 매뉴얼 p220

01 퇴직준비

02 계획수립

03 변화관리

04 목표설정

05 실행전략

06 전직성공

07 활용양식

08 부록

연대기 이력서

지원분야	

● 인적 사항

성명 :

주소 :

연락처 :

E-Mail :

● 경력 사항(최근 직장 경력순으로 작성한다)

- ㈜ ○○ :
- ㈜ ○○ :
- ㈜ ○○ :

● 교육 사항

- 아카데미 수료

● 학력 사항

- 대학 ○○과 졸업 (XX년 X월)
- ○○고등학교 졸업(XX년 X월)

● 기타 사항

- 자격증

본인은 위의 사실과 다름이 없음을 증명합니다

○○ 배상

직능별 이력서

지원분야	

● 인적 사항

성명 :
주소 :
연락처 :
E-Mail :

● 경력 사항(최근 직장 경력순으로 작성한다)

- ㈜ ○○ :
- ㈜ ○○ :

● 주요 성과(가능하면 수치로 작성한다)

- 매출 증대 및 신장률
  - 전년 대비 약 40% 성장 기여
- 신규 시장 확대
  - 신시장 신규 거래처 20% 증가

● 학력 및 교육사항

- 학력 사항:
- 교육 사항:
- 자격증 및 면허증

● 외국어 사항 및 자격 사항

- 비즈니스 영어 문서 작성

본인은 위의 사실과 다름이 없음을 증명합니다

○○ 배상

01 퇴직 준비
02 계획수립
03 변화관리
04 목표설정
05 실행 전략
06 전직 성공
07 활용 양식
08 부록

표준 이력서

<table>
<tr><td rowspan="3">사 진
(3cm x 4cm)</td><td colspan="6" style="text-align:center">이 력 서</td></tr>
<tr><td rowspan="2">성
명</td><td>한글</td><td></td><td>생년월일</td><td>(남, 여)</td></tr>
<tr><td>한자</td><td></td><td>전화번호</td><td></td></tr>
<tr><td></td><td>주 소</td><td colspan="4"></td></tr>
<tr><td rowspan="4">학
력</td><td>기 간</td><td colspan="2" style="text-align:center">학 교 명</td><td colspan="2">전 공 분 야</td></tr>
<tr><td></td><td colspan="2">고등학교(졸 중퇴)</td><td colspan="2"></td></tr>
<tr><td></td><td colspan="2">대 학 교(졸 중퇴)</td><td colspan="2"></td></tr>
<tr><td></td><td colspan="2">대 학 원(졸 중퇴)</td><td colspan="2"></td></tr>
<tr><td rowspan="3">경
력</td><td>기 간</td><td colspan="2">근 무 처</td><td>직 위</td><td>업 무 내 용</td></tr>
<tr><td></td><td colspan="2"></td><td></td><td></td></tr>
<tr><td></td><td colspan="2"></td><td></td><td></td></tr>
<tr><td rowspan="5">자
격
및
면
허</td><td>취득 년월일</td><td colspan="3">자격증 및 면허명</td><td>시 행 처</td></tr>
<tr><td></td><td colspan="3"></td><td></td></tr>
<tr><td></td><td colspan="3"></td><td></td></tr>
<tr><td></td><td colspan="3"></td><td></td></tr>
<tr><td></td><td colspan="3"></td><td></td></tr>
<tr><td rowspan="2">병
역</td><td>복무기간</td><td>군 별</td><td>계 급</td><td>병 과</td><td>미필 또는 면제사유</td></tr>
<tr><td></td><td></td><td></td><td></td><td></td></tr>
</table>

위에 기재한 사항은 사실과 다름이 없습니다.

20   년   월   일

성   명 :   (인)

퇴직자의 전직지원을 위한 재취업 가이드 · 취업편

출처: 잡코리아. 표준 아력서. https://www.jobkorea.co.kr에서 2023.01.05 다운로드

디자인 이력서

홍길동

姓名
name

— PROFILE —

0000-00-00일 생

서울특별시 서초구 서초대로 301

— CONTACT —

000-0000-0000

0000@jobkorea.co.kr

— SKILLS —

Illustrator

하   중   상

Photoshop

하   중   상

Indesign

하   중   상

학력사항

0000.00 - 0000.00
OO대학교 대학원 | 시각디자인과 졸업 예정 (석사과정)
0000.00 - 0000.00
OO대학교 | 시각디자인과 / 언론홍보학과 부전공 졸업

경력사항

0000.00 - 0000.00
잡코리아 디자인팀 직급
주요 수행 프로젝트
- 수행업무1
- 수행업무2
- 수행업무3

0000.00 - 0000.00
잡코리아 디자인팀 직급
주요 수행 프로젝트
- 수행업무1
- 수헹업무2
- 수행업무3

주요활동

기간   0000.00 - 0000.00
장소   주)잡코리아
활동내용   활동내용
                     주요 업무 및 활동 내용은 다음과 같습니다.
                     세부활동 내용은 다음과 같습니다.
                     세부활동 내용은 다음과 같습니다.

기간   0000.00 - 0000.00
장소   주)잡코리아
활동내용   활동내용
                     주요 업무 및 활동 내용은 다음과 같습니다.

01 토직준비

02 계획수립

03 변화관리

04 목표설정

05 실행전략

06 전직성공

07 활용양식

08 부록

수상내역

0000.00 수상 내용을 기재합니다.
0000.00 수상 내용을 기재합니다.
0000.00 수상 내용을 기재합니다.

연수

기간	과정	점수	기관
0000.00 -	과정	점수	기관
0000.00 -	과정	점수	기관
0000.00 -	과정	점수	기관

병역

기간	계급	미필사유
0000.00 - 0000.00	계급	미필사유

출처: 잡코리아. 표준 아력서. https://www.jobkorea.co.kr에서 2023.01.05 다운로드

Chronological Resume
(영문 연대기 이력서)

Celeste Montoya
152 Sweetbriar Road
Taos, New Mexico
Telephone : 1-222-333-444 Home
Email : OOOO@somedomain.com

Objective :

Pediatric nurse with specialty experience in caring for premature babies. Developed strong pediatric care and planning skills through internships at Baylor University Hospital. Knowledge of NICU standards.

Experience :

07/2004-12/2004

Baylor University Hospital Dallas, Texas
Registered Nurse

Served as an RV on the pediatric wing of a 100 bed unit dedicated to the care of critically ill children.

Assigned to a special rotation involving the NICU and played a critical role in the care of premature babies.

Actively participated in the implementation of care plans for patients involving a variety of health issues including birth defects, developmental delays and underdevelopment.

05/2003-05/2004

University of Texas, Austin, Texas
Student Nurse

Worked under the direction of supervising RN in providing bedside care, documenting care treatments, admitting, discharging and transferring patients.

01 퇴직준비

02 재취수립

03 변화관리

04 목표설정

05 실행전략

06 전직상아

07 활용양식

08 부록

09/2001-04/2003	Taos General Hospital, Taos, New Mexico Admit Clerk Greeted patients and family, assisted patients with completing paperwork, explained admittance documents, obtained signatures.

Education :

05/2004	University of Texas-College of Nursing, Austin, Texas Bachelor Degree - Bachelor of Science in Nursing GPA - 3.8 Deans list every semester - Certification obtained. 12/03 - Registered Nurse.
Activities & Honors :	Hospital volunteer 2001 - 2003
Affiliations :	National Council of State Boards of Nursing Baylor University Hospital Dallas, Texas Registered Nurse

홍길동의 경력기술서 총 경력 OO년 OO개월

○○ 주식회사 3년 2개월 (2020.01 - 재직중)

담당부서	○○팀 연구원
담당업무	○○○관리, PM
주요성과	- 담당하신 업무와 성과에 대해 적어주세요. - 담당하신 업무와 성과에 대해 적어주세요. - 담당하신 업무와 성과에 대해 적어주세요.

○○ 주식회사 3년 2개월 (2019.01 - 2020.03)

담당부서	○○팀 연구원
담당업무	○○○관리, PM
주요성과	- 담당하신 업무와 싱과에 대헤 적어주세요. - 담당하신 업무와 성과에 대해 적어주세요. - 담당하신 업무와 성과에 대해 적어주세요.

○○ 주식회사 3년 2개월 (2019.01 - 2020.03)

담당부서	○○팀 연구원
담당업무	○○○관리, PM
주요성과	- 담당하신 업무와 성과에 대해 적어주세요. - 담당하신 업무와 성과에 대해 적어주세요. - 담당하신 업무와 성과에 대해 적어주세요.

01 토직 준비

02 계획수립

03 변화관리

04 목표설정

05 실행 전략

06 전직 상아

07 활용 양식

08 부록

The Cover Letter Template

Your Name

Your Address

Your E-mail Address

Your Phone Number

Your Fax Number

Contact's Name

Contact's Title

Contact's Department

Contact's Company Name

Contact's Address

Contact's Phone Number

Contact's Fax Number

Date

Dear Ms./Mr. CONTACT

The first paragraph tells why you're contacting the person, then either mentions your connection with that person or tells where you read about the job. It also quickly states who you are. Next it wows them with your sincere, researched knowledge of their company. The goal: demonstrating that you are a worthy applicant, and enticing them to read further

The second and optional third paragraph tell more about yourself, particularly why you're an ideal match for the job by summarizing why you're what they're looking for. You may also clarify anything unclear on your resume

01 퇴직준비

02 재취수립

03 변화관리

04 목표설정

05 실행전략

06 전직서광

07 활용양식

08 부록

The last paragraph is your goodbye: you thank the reader for his or her time. Include that your look Forward to their reply or give them a time when you'll be getting in contact by phone.

Sincerely

Sign Here

출처: 볼트 에디터즈(2009), 조훈 역, The Vault College Career Bible

직무기술서 예시(전직지원)

직무명			
분류	대분류	중분류	소분류
직무 정의			
주요 업무			
직무 역량			
직무 자격			
직무 경력			
직무 기간			

8강_부록

1 대한민국 산업 지도(2023년)

2 구직급여 수급 중 유의 사항 Q & A

대한민국 산업 지도(2023년)

구분	산업	분야	섹터
1. 기초 소재 & 산업재	1. 정유 & 화학	1. 정유	1. 석유 유통
			2. 윤활유
			3. 정유사
		2. 화학	1. NCC
			2. 합섬 원료
			3. 합성 고무
			4. 합성 수지
			5. 합성 원료
			6. 기타 화학 제품
	2. 조선 & 운송	1. 고속버스	1. 고속버스
		1. 운송	1. 물류와 항만
		1. 조선사	
		1. 해운	1. 해운
		1. 조선 기자재	1. 통신장비
			2. 보냉재
			3. 선박용 크레인
			4. 선박용 탈황설비
			5. 선체
			6. 엔진
			7. 기타 기자재
	3. 건설 & 플랜트	1. 건축 자재	1. 골조
			2. 레미콘과 부재료
			3. 내·외장재
			4. 시멘트
			5. 페인트
			6. 목재
			7. 욕실
			8. 홈 네트워크
			9. 거푸집
			10. 기타
		2. 부동산 개발	1. 부동산 개발
			2. 건물 관리
		3. 폐기물 처리 & 발전	1. 폐기물 처리와 발전
		4. 설계와 감리	1. 설계와 감리

01 토지 준비

02 계획 수립

03 변화 관리

04 목표 설정

05 실행 전략

06 전직 성공

07 활용 양식

08 부록

1. 기초 소재 & 산업재	4. 철강 & 광물	1. 비철금속	1. 동합금
			2. 산화철
			3. 아연 제련. 정련
			4. 아연말
			5. 알루미늄
			6. 알루미늄 제련. 정련
			7. 전기동
			8. 표면 처리
			9. 합성 운모
			10. 황동
		2. 자원개발 & 무역	1. 자원 개발
			2. 무역
		3. 제철	
		4. 철강 공정 소재	1. 내화물
			2. 생석회
			3. 탈산제
		5. 철강제품	1. 강관
			2. 봉강
			3. 석도 강판
			4. 선재
			5. 스테인레스
			6. 열연 강판
			7. 냉연 강판
			8. 주강
			9. 철강 포장
			10. 철 스크랩
			11. 컬러 강판
			12. 탄소강
			13. 특수강
			14. 형강

구분	산업	분야	섹터
1. 기초 소재 & 산업재	**1. 건설 & 플랜트**	1.플랜트 설비와 관리	1. 환경 설비
			2. EPC
			3. 설계
			4. 정비
			5. 피팅 밸브
			6. 계측 장비
			7. 열 교환기
			8. 기타
		2. 건설	1. 건축
			2. 대형 건설
			3. 토목
			4. 해저 케이블
	2. 기계	1. 일반 기계	1. 금형. 몰드
			2. 철도 차량
			3. 승강기
			4. 보일러
			5. 자동화기기
			6. 줄자
			7. 밸브
			8. 기타 기계
		2. 건설기계	1. 굴착기
			2. 유압기계
			3. 중장비 하부 주행체
			4. 중장비 감소기
			5. 전기 배선
		3. 항공 우주와 방위 산업	1. 방산 시스템
			2. 전투기
			3. 항공 기자재
			4. 유도 무기
			5. 위성시스템
			6. 위성시스템 SW
		4. 공장기계	

01 퇴직 준비

02 계획수립

03 변화관리

04 목표설정

05 실행 전략

06 전직 성공

07 활용양식

	5. 디스플레이	1. 디스플레이 장비	
		2. 디스플레이 소재	
		3. 디스플레이 패널	
		4. 디스플레이 부품	1. 광학필름
			2. 도광판
			3. 모듈부품
			4. 기타부품
3. 인프라 & 필수 소비재	**1. 에너지**	1. 가스, 전기	1. 가스
			2. 전기
		2. 전기 인프라	1. 계량기
			2. 전력 변환기
			3. 전선
		3. 친환경 인프라	1. 바이오
			2. 수소
			3. 태양광
			4. 풍력
	2. 금융	1. 기타 금융	1. 신용평가와 채권 추심
			2. 창업 투자
			3. 카드, 캐피탈, 대부업
			4. PG와 간편 결제
			5. VAN
		2. 보험	1. 생명보험
			2. 손해보험
			3. 판매
		3. 은행	
		4. 증권	
	3. 통신	1. 알뜰폰	
		2. 통신사	
		3. 통신 솔루션	
		4. 통신장비	

구분	산업	분야	섹터
3. 인프라 & 필수 소비재	1. 의료기기	1. 기타 의료기기	
		2. 디지털 헬스케어	1. 의료 영상 소프트웨어
			2. 의료 정보 시스템
		3. 창상 피복제	
		4. 미용	
		5. 안과	
		6. 영상 진단기기	
		7. 인체 조직 이식제	
		8. 체외 진단	
		9. 치과	
		10. 환자 감시장치	
	2. 제약과 바이오	1. 건강 기능식품	
		2. 동물 의약품	
		3. 의약품 인프라	1. 기자재
			2. CDMO
			3. CRO
		4. 제약	1. 전문 의약품
			2. 원료 의약품
			3. 의약품 유통
			4. 일반 의약품
		5. 바이오	1. 기타 바이오 의약품
			2. 마이크로 바이옴
			3. 바이오 마커
			4. 바이오 베터
			5. 바이오 소재
			6. 바이오 시밀러
			7. 백신
			8. 보톡스와 필러
			9. 세포 치료제
			10. 유전자 가위
			11. 유전자 치료제
			12. 플랫폼
			13. 항체 의약품

구분	산업	분야	섹터
4. 소비재 - I	1. 음식료	1. 농업	1. 농기계
			2. 비료와 농약
			3. 스마트 팜
			4. 종자
		2. 음료와 주류	1. 용기
			2. 음료
			3. 주류
			4. 주정
		3. 일반식품	1. 곡물 가공
			2. 라면
			3. 유제품
			4. 제과
			5. 제빵
			6. 조미식품
			7. 종합식품
			8. 커피
			9. 첨가물
			10. 기타 식품
		4. 축산업	1. 계열화
			2. 닭
			3. 돼지
			4. 오리
			5. 펫 푸드
			6. 사료
		5. 담배	
		6. 수산업	
	2. 유통	1. 면세점	
		2. 식자재 유통	
		3. E - 커머스	1. 인프라
			2. B2B
		4. 편의점	
		5. 슈퍼마켓	
		6. 홈쇼핑	
		7. 오프라인 쇼핑몰	
		8. 기타유통	1. 미술품 경매

01 토지 준비

02 계획수립

03 변화관리

04 목표설정

05 실행 전략

06 전직 성공

07 활용양식

퇴직자의 전직지원을 위한 재취업 가이드 • 취업편

구분	산업	분야	섹터
5. 소비재 - Ⅱ	1. 미디어	1. 광고	
		2. 엔터테인먼트	
		3. 영화배급	
		4. 방송 & 콘텐츠	1. 드라마 제작
			2. 방송 솔루션
			3. 방송 중계권
			4. 웹소설과 웹툰
			5. 유사투자 자문
			6. 음원
			7. 인쇄물
			8. 인터넷 미디어
			9. 지상파
			10. NO
			11. PP
			12. SO
			13. VFX
	2. 게임	1. 보드게임	
		2. 소셜 카지노	
		3. 캐주얼	
		4. FPS	
		5. RPG	
6. 소비재 - Ⅲ	1. 전자기기	1. 물리 보안	1. 바이오 인식
			2. 영상 보안
		2. 셋톱 박스	
		3. 시험 인증	
		4. LED	
		5. 전자소재와 장비	
		6. 전자제품	
		7. 전자부품	1. 스마트카드
			2. 종합부품
			3. 커넥터
			4. 콘덴서
	2. 2차 전지	1. 소재	1. 양극재
			2. 동박
			3. 전해질
			4. 분리막
		2. 엔지니어링	
		3. 장비	
		4. 부품	
		5. 장비	

6. 소비재 - III	3. 자동차	1. 고무부품	
		2. 공조장치	
		3. 내·외장재	
		4. 도어 모듈	
		5. 배터리	
		6. 볼트와 너트	
		7. 새시	
		8. 스프링	
		9. 시트	
		10. 기타 부품	
		11. 서비스	1. 차량 공유
			2. 차량 렌탈
		12. 완성차	
		13. 이륜차	
		14. EP	
		15. 수입차 유통	
		16. 램프	
		17. 타이어	
		18. 특장차	
		19. 파워트레인	
		20. 커머스	
		21. 전장용품	1. 모터
			2. 반도체
			3. 보안 시스템
			4. 블랙박스
			5. 센서
			6. 인포테인먼트
			7. 전기 시스템
			8. 정션 박스
			9. 제어 시스템
			10. 히터
			11. PCB
		22. 제동장치	
		23. 조향장치	
		24 중고차	
		25 차체	
		26. 종합 모듈	

출처: 이래학(2023), 2023 대한민국 산업지도

01 토지 준비
02 계획수립
03 변화관리
04 목표설정
05 실행 전략
06 전직 지원
07 활용양식

구직급여 수급 중 유의 사항 Q & A

출처: 고용노동부 취업희망카드 발췌

❶ 나의 실업 인정 유형은 무엇인가요?

- 실업 인정 유형은 일반, 반복, 장기, 만 60세 이상 및 장애인으로 구분합니다.
  - 일반 수급자는 소정급여일수 180일 이하인 자
  - 반복 수급자는 이직일 기준 직전 5년간 3회 이상 수급한 자
  - 장기 수급자는 소정급여일수 210일 이상인 자
  - 만 60세 이상은 이직일 기준이며
  - 장애인은 수급 자격 인정 기준과 같습니다

- 수급자 유형에 따라 실업 인정을 인정받을 수 있는 재취업 활동 의무 횟수와 재취업 활동 범위가 다르니 이에 따라 주시면 됩니다.

- 수급자 연령 및 피보험기간에 따라 소정급여일수(120~270) 다르며 그에 따른 실업 인정 차수(평균 5~11차)도 다릅니다.

❷ 구직급여가 맞나요? 실업급여가 맞나요?

- 수급자격자 분들이 재취업 활동을 통해 실업 인정을 신청하여 지급받는 급여는 구직급여가 맞습니다.

- 흔히 알고 있는 실업급여는 구직급여와 연장 급여 취업 촉진 수당(조기 재취업 수당, 직업능력개발수당, 이주비, 광역 구직활동비)을 통칭하는 용어이며 실업급여 수급자는 일반적으로 구직급여 수급자에 해당합니다.

❸ 실업 인정을 왜 받아야 하나요?

- 실업 인정 대상 기간에 수급자 본인이 실업상태(일하려는 의사와 능력을 가지고 있으나 취업하지 못한 상태)에서 재취업 활동을 적극적으로 수행하였는지 담당자가 확인 후 구직 급여 지급 여부를 결정하는 절차이다 (근거: 고용보험법 제2조(정의) 제4호). 따라서 구직 급여 수급 자격을 인정받았더라도 실업 인정을 받지 못하면 구직 급여가 지급되지 않습니다. **수급 자격 인정과 실업 인정은 다른 절차입니다.**

- 구직급여 수급 자격을 인정받은 수급자격자는 본인의 소정급여일수를 한도로 하여 수급기간 만료 전까지 1주~4주 단위로 지정되는 실업 인정일마다 관할 고용센터에 실업 인정을 신청해야 합니다.
  - 실업을 인정받아야 구직급여가 지급되며 실업 인정을 받지 못하면 그 기간의 구직급여는 소멸 합니다.

01 퇴직 준비

02 계획수립

03 변화관리

04 목표설정

05 실행 전략

06 전직 성공

07 활용양식

- 이러한 절차를 두고 있는 것은 구직급여 제도의 본래 취지가 실직하기만 하면 실직 기간에 구직급여를 무조건 지급하는 것이 아니라 실직 기간에 적극적인 재취업 활동을 하게 함으로써 조기에 재취업할 수 있도록 지원하는 데 있기 때문입니다.

❹ 실업 인정일을 꼭 지켜야 하나요?

- 실업 인정은 본래 『고용보험법』 제44조에 따라 매회 지정된 실업인정 대상기간에 속하는 매일매일에 대하여 실업을 인정하여야 하지만 이 경우 실직자가 매일 고용 센터에 출석해야 하므로 번거로울 뿐만 아니라 재취업 활동 기회를 제한하는 결과를 초래할 수 있어 실업인정일에 출석했다면 해당 실업 인정 대상 기간에는 실업 상태에 있었다고 추정하여 실업 인정을 합니다.

  따라서 특별한 사유 없이 지정된 날짜에 본인이 불출석하거나 인터넷 실업 인정 신청서를 전송하지 않은 경우 실업인정대상기간 전부에 대해 실업 인정을 하지 않습니다.

❺ 지정된 실업인정일을 바꿀 수 있나요?

- 예외적으로 부득이한 사유 또는 개인 사정으로 신청하지 못한 경우에는 실업인정일을 변경할 수 있습니다(사유를 확인할 수 있는 증빙자료 필요)

- 취업, 구인자와 면접 또는 그 밖의 부득이한 사유로 실업인정일에 출석할 수 없어 실업인정일 전날까지 관할 고용센터에 출석하여 실업인정일 변경을 신청하거나 출석할 수 없으면 해당 사유가 없어진 날부터 14일 이내에 관할 고용센터에 출석(온라인 신청 불가)하여 실업인정일 변경을 신청해야 합니다.

- 수급자격자의 착오(실업인정일을 잊어버리거나 부득이하지 않은 개인 사정)로 실업 인정을 신청하지 못한 수급자가 해당 실업인정일로부터 14일 이내에 고용센터에 출석하여 실업인정일을 변경하여 신청할 수 있으나 수급기간 내 1회만 가능합니다.

  ➡ (근거) 『고용노동법 시행령』 제65조(실업 인정의 특례자) 제4호

❻ 실업인정대상기간은 언제부터 언제까지인가요?

- 재취업 활동을 할 수 있는 실업인정 대상기간은 대기기간(수급자의 신청일부터 7일간) 종료 다음 날부터 이번 실업인정일 당일까지입니다.

  (예시) 지난번 실업인정일이 3월 3일이고 이번 인정일이 3월 31일이라면 이번 실업인정일 대상 기간은 3월 4일~3월 31일(28일)

  (중요) 재취업 활동은 **실업인정 대상기간 내**에 한 것만 인정되므로, 그 외의 날짜나 수급 만료 이후 수행한 재취업 활동으로는 실업 인정을 신청할 수 없으며, 실업 인정 신청하더라도 불인정 처리하므로 구직 급여를 지급하지 않습니다.

실업인정 대상기간(예시)	수급 만료일(예시)	실업인정일(예시)
3월4일~3월31일(공휴일)	4월23일(토)	4월25일(월)
3월2일(대상 기간 전), 4월1일 (대상 기간 후) 재취업 활동 불인정	4월24일, 4월25일 재취업 활동 불인정 (수급 만료 후 재취업 활동에 해당함)	

- **특히, 마지막 실업 인정일이 주말(공휴일)이라면 조심하세요!**
  - 구직급여의 마지막 회차 재취업 활동 기간은 **수급 만료일**까지입니다.
    구직급여 만료일이 주말(공휴일)이라면 고용센터가 문을 열지 않아 재취업 활동기간의 마지막 날과 실업 인정일이 일치하지 않으니 **반드시! 마지막 실업인정일을 확인하셔서 불이익을 받지 마세요.**
  - 수급만료일이 공휴일인 경우, 마지막 실업인정일 1주일 전과 직전 평일 2차례에 걸쳐 사전 안내 문자를 발송하고 있으니, 꼭 확인하여 지정된 실업인정일에 실업 인정을 신청하시기를 바랍니다.

❼ 실업 인정을 받으려면 꼭 출석해야 하나요?

(1차) 실업 인정 유형이 반복·장기 수급자는 1차 실업인정일에 출석해야 하며, 그 외 실업 인정 유형의 수급자는 온라인으로 1차 실업 인정 교육 수료 후 실업 인정으로 신청하시면 됩니다.

(4차) 모든 수급자가 1:1 대면 실업 인정만 가능합니다.

※ 다만 코로나 상황. 정부 방역 수칙 등에 따라 1차와 4차의 출석형 대상은 조정될 수 있음

- 단, 소정급여일수 210일 이상인 **장기 수급자**는 소정급여일수 만료일 직전 또는 전전 회자 **실업인정일**은 반드시 관할 고용센터에 **출석**하여 실업 인정을 신청하고 취업 상담 등 재취업을 받아야 합니다.
  - 통상 210일 수급자는 7차, 240일 수급자는 8차, 270일 수급자는 9차 실업인정일에 해당함.
- 또한 담당자는 **장기 수급자, 반복 수급자** 등 취업 지원이 특별히 필요한 경우에는 실업인정일 외에도 고용센터 출석을 요청드릴 수 있으니, 지시에 따라 주시기를 바랍니다.

❽ "실업인정일을 변경"하면 재취업 활동을 더 해야 하나요?

- 실업인정일을 변경하여 해당 회차의 실업인정대상기간이 이전보다 늘어나고 그만큼 구직급여 지급액이 많아지는 경우라면
  - 당초 실업인정대상기간의 재취업 활동과 **별도로 재취업 활동을 추가로 더 수행**해야 합니다.
  - 수급자 유형, 실업 인정 차수별 의무 재취업 활동 횟수와 실업인정대상기간이 늘어난 일수에 따라 재취업 활동 횟수는 달라지니 **담당자의 지시에 따라 주시기를 바랍니다.**

01 퇴직준비

02 계획수립

03 변화관리

04 목표설정

05 실행전략

06 전직성공

07 활용양식

08 부록

❾ **구직활동을 해야 하는 실업 인정 차수에 구직활동을 하지 않고, 구직 외 활동으로만 재취업을 하면 어떤 불이익이 있나요?**

• 구직활동을 1회 이상 반드시 포함해야 하는 실업 인정 회차에 구직 외 활동(직업훈련, 취업특강 수강, 직업심리검사 등)만 2회 수행하여 실업 인정 신청할 경우, 재취업요건을 일부 충족하지 못한 것이므로 구직 급여가 50% 감액됩니다.

• 특히 **반복 수급자**의 경우 2차 실업 인정부터 구직활동만 수행해야 하므로 구직 외 활동을 수행하여 실업 인정 신청할 경우, 아래와 같이 **구직급여가 일부 또는 전부 부 지급**됩니다.

> **(예시)** 3차 실업 인정의 경우: 구직 외 활동 1회 수행 시, 해당 기간 구직급여 전부 부지급/5차 실업 인정의 경우: 구직 외 활동 1회 수행 시, 해당 기간 구직급여 50% 감액

❿ **"재취업 활동"은 무엇이며 "실업 인정 기준"은 어떻게 되나요?**

• 수급자가 실업인정대상기간 중 구직활동, 자영업 준비 활동, 직업능력개발훈련 수강, 직업지도 참여 등 재취업을 위하여 적극적으로 활동하는 행위를 말합니다.

　- 구직활동: 입사 지원, 면접, 채용박람회 참여, 알선 응모 등

　- **구직 외 활동:** 취업특강 수강, 직업훈련 이수, 자격시험 응시 등 다양함.

• 실업 인정 기준은 수급자 특성에 따라 다르게 적용됩니다.

- **일반 수급자**(소정급여일수 180일 이하인 자)

의무 출석일	**4차는 출석**, 그 외(1차 포함) 실업 인정 신청은 온라인이 원칙 (희망 시 출석 가능)
의무 재취업 활동 횟수	**(2차~4차) 4주 1회** **(5차부터) 4주 2회**
재취업 활동 종류	구직활동, 구직 외 활동 자유롭게 선택하되, **5차부터는 구직활동 1회를 반드시 포함**

- **반복 수급자**(마지막 이직일 기준 직전 5년간 수급 자격을 3번 이상 인정받고 구직급여를 받은 사람)

의무 출석일	**1차 · 4차 출석** 그 외에는 온라인 또는 출석형 선택 가능
의무 재취업 활동 횟수	**(2차~3차) 4주 1회** **(4차~7차) 4주 2회** **(8차부터) 1주 1회**
재취업 활동 종류	**2차부터는 구직활동만 가능**

- 장기 수급자 (소정급여일수 210일 이상인 사람)

의무 출석일	1차, 4차, 소정급여일수 만료일 직전 회차 또는 전전 회차 출석 (잔여일수, 취업 지원 등을 고려하여 담당자가 지정한 날이 우선)
의무 재취업 활동 횟수	(2차~4차)4주 1회 / (5차~7차)4주 2회 / (8차부터)1주 1회
재취업 활동 종류	구직활동, 구직 외 활동 자유롭게 선택하되, 5차부터는 구직활동 1회를 반드시 포함하고, 8차부터는 구직활동만 가능

실업 인정이 가능한 구직활동 외 재취업 활동의 종류는 아래와 같습니다.

① 직업훈련

- 직업능력개발훈련 등을 받는 경우 증 고용노동부 장관이 정한 경우
- 재취업에 필요하다고 인정되는 자격증 취득 등 각종 사설학원의 교습 훈련 수강
  - 단, 토익 등 어학 관련 학원 수강은 재취 으로 안정하지 않음
- 온라인 교육이어도 교육기관에서 수강 기간 내 정확한 출결 기록 제출이 가능한 경우 대면 직업훈련과 동일하게 인정
- 운전면허 수업 및 면허증 취득은 재취업 활동으로 보지 않으나, 예외적으로 재취업 희망 직종이 버스 기사·화물차 기사 등 운전과 관련된 직종인 경우에 한해 인정

② 고용센터 또는 기타 취업 지원기관의 직업지도

- 고용센터의 **직업지도** 프로그램(취업특강, 집단상담 등)에 참여
  - 단, **취업특강**과 **온라인 취업특강(STEP 포함)**은 모두 합하여 **전체 수급기간에서 중 총 3회까지만 재취업 활동으로 인정**
  - 구직자 대상 **심리 안정 프로그램은 전체 수급기간 중 1회만 재취업 활동 인정**
- 구직급여 수급 신청 전부터 수강 중인 **취업특강이나 집단상담은 실업 인정을 받기 위한 재취업 활동으로 인정 불가**
- 고용노동부 또는 외부 기관의 **직업심리검사** 수행
  - 단, 직업심리검사는 **전체 수급기간 중 1회만 재취업 활동 인정**
- 구직 신청서 내실화 후 잡 케어(Job Care) 서비스를 받은 경우
- 고용정책기본법 제32조에 따른 특별고용지원 업종이나 고용위기지역에서 이직한 수급자에 대해서는 직업안정 기관장이 인정하는 취. 창업 교육이나 컨설팅 인정
- 고용센터 외 지자체 일자리센터, 중장년 일자리 희망센터, 고령자인재은행, 여성 새일 센터, 한국산업인력공단, 한국고용정보원 사이버 진로센터, 한국생산성본부 등 공공. 민간기관이나 민간기업에서 실시하는 각종 취업지원 프로그램 이수 또는 취업상담, 창업 관련 컨설팅, 취업역량교육 참여

01 토직 준비
02 계획수립
03 변화관리
04 목표설정
05 실행 전략
06 전직 성아
07 활용양식
08 부록

※프로그램 참여 등을 통해 활동비를 받을 경우 소득으로 신고하고 활동비가 본인의 구직급여일액을 초과하는 경우 구직급여는 부지급.

실업 인정 담당자의 지시에 따라 고용복지센터 내 입주 기관에서 주관하는 취업 상담에 참여한 경우

③ 기타 재취업 활동

· 고용센터 담당자가 지시한 봉사활동 참여(4시간 이상 1회 인정)
· 자영업 준비 활동(되도록 사업 개시 두 달 전 담당자 문의)

    - 새로 설립하는 사업장에서 일할 근로자 채용을 위한 채용공고 게시 여부, 가게 물색 또는 임대차 계약(가계약 포함), 시장조사 활동 자료, 각종 관계 기관과의 협의 자료 등
· 예술인. 노무 제공자가 해당 직종에 재취업. 창업하기 위한 준비 활동 등

⑪ "재취업 활동" 증빙은 어떻게 하나요?

· 입사 지원 방식에 따른 증빙자료는 조금 다릅니다.

· **워크넷**	· 불필요(워크넷에 연계된 민간 취업사이트 입사 지원은 증빙 필요)
· **취업 포털사이트**	· 채용 공고문+취업 활동 증명서(입사 지원일 기재)
· **이메일 지원**	· 채용 공고문+보낸 편지함, 메일 보낸 날짜(구직활동 일자) 증명(채용 담당자 이메일=받는 사람 이메일 일치 증명)
· **구인 신문**	· 교차로, 벼룩시장 등 구인 신문에 게재된 채용공고 + 면접일이 확인되는 면접확인서
· **채용 기관 홈페이지**	· 채용 공고+입사 지원 완료 화면 캡처 · 컴퓨터 화면상 시계. 달력, 윈도우 작업표시줄 등을 활용하여 입사 지원일(구직활동일)을 명확하게 증명해야 함
· **면접 응시**	· 면접 확인서+채용 담당자 명함 제출 · 면접 확인서 대체 서약서+기타 증빙자료 제출 시에도 인정 - 기타 증빙 자료: 면접 참석 통보(문자, 이메일 등), 면접 결과 통보 제출, 면접 수험표 제출 시 인정
· **지인 소개 등**	· 채용 공고가 없는 경우에는 면접확인서+명함 제출
· **채용 관련 행사**	· 채용 박람회 참여 확인증 등 참가 증빙자료 (입사 지원, 면접 확인)
· **우편 / 팩스**	· 입사 지원 채용공고문+송 · 수신 확인 가능한 등기영수증. 팩스발송 확인증

· 직업훈련 수강 증빙 방법은 아래와 같습니다.

    - 수급 중 직업훈련을 수강하는 경우, ①실업 인정 신청서, ②직업능력 개발 훈련 등 수강 증명서(「고용보험법 시행규칙」 별지 제83호 서식 참고), ③실업인정 대상기간 내 출석부 사본을 제출하여야 합니다.

⑫ 재취업 활동을 했는데 구직급여를 못 받을 수 있나요?

· 허위. 형식적인 구직활동일 경우 구직급여를 지급하지 않습니다.

- **(허위 구직활동일 경우)** 해당 실업인정대상기간에만 한해 부지급, 2회 이상 적발 시 전체 수급기간에 대해 지급정지

- **(형식적 구직활동일 경우)** 1회 적발 시 사전 고지, 2회 적발 시 실업 불인정하고 구직급여 부지급

※ 실업인정대상기간(통상 28일)동안 재취업 활동을 하지 않으시고 실업인정일 당일 담당자에게 실업 인정을 해 달라고 요청하는 것은 고용보험 법령을 위반하는 행위입니다.

구직급여는 정해진 실업인정 대상기간 내에 재취업 활동을 수행한 수급자에게 지급되는 급여이므로, 재취업 활동이 없으면 적극적인 재취업 의사가 없는 것으로 판단하여 해당 회차의 구직급여를 지급하지 않습니다.

⑬ "허위·형식적 구직활동"이란 무엇인가요?

· 「허위 구직활동」은 구직활동 여부를 사실과 다르게 신고하는 것으로 예를 들어 입사 지원이나 면접에 응하지 않고 지원. 응모한 것처럼 허위로 신고 및 서류를 제출하는 행위 등이 있습니다.

· 「형식적 구직활동」은 취업 의사가 없으면서 입사 지원 등 구직활동을 하는 경우로 아래의 적발 사례들이 있습니다.

1) 고용센터에서 미리 알선한 일자리나 직업지도에 정당한 사유 없이 불응하는 경우

2) 고용센터에서 지시한 구직활동 등 재취업 활동을 정당한 사유 없이 불이행한 경우

3) 특별한 이유 없이 동일한 사업장만을 반복하여 지원하는 경우

4) 구인 모집 기간이 종료된 채용공고(기업)에 입사 지원한 경우

5) 실제로 입사 지원이나 면접에 응시할 의사 없이, 전화나 인터넷 등으로 구인처 탐문만 지속하는 경우

6) 수급자의 경력. 연령. 보유 기술 및 수급자가 처한 노동시장 상황 등을 고려할 때 채용이 거의 불가능한 근로조건만을 고집하는 경우

7) 수급자의 구직 신청서상 이력과 채용공고의 직종. 경력. 학력. 소재지. 자격증 필수 여부 등 채용요건이 현저하게 다른 데도 지원하는 경우

8) 현재 직원을 채용하고 있지 않은 사업장에서 입사 지원이나 면접 응시 없이 명함만 받아 제출

- 다만, 현재 공개적으로 직원을 채용하고 있지 않은 사업장에 지인의 소개를 받아 면접에 응시한 경우, 면접확인서를 제출받아 재취업 활동 인정 여부 검토

9) 인사권이 없는 직원이나 회사와 관계없는 지인이 대신 작성한 면접 확인서를 제출 (허위 구직활동으로 간주하여 부정수급 처분)

10) 서류전형에 합격하였으나, 정당한 사유 없이 면접 거부

11) 면접에 합격하였으나 정당한 사유 없이 취업 거절

01 퇴직준비

02 계획수립

03 변화관리

04 목표설정

05 실행전략

06 전직성공

07 활용양식

13) 입사 지원 의사가 의심될 정도의 불충실한 이력서 작성

14) 그 밖에 사회 통념상 상기 사유에 준한다고 인정되는 경우

(워크넷) 입사지원 이후 상황에 대해서도 모니터링합니다.

(중요) 워크넷에서 입사 지원한 경우, 구인 기업에서 미채용 사유를 등록합니다.

미채용 사유가 등록되면 실업 인정 담당자가 필수적으로 모니터링하며, 정당한 사유 없이 면접 또는 취업 제의를 거부하였음이 확인되면 구직급여 부지급 등 불이익 조치가 있을 수 있습니다.

⑭ 구직급여 수급 중 일을 하여 소득이 발생했다면?

• 일한 사실이 있다면 실업 인정 신청 시 근로 사실을 신고해야 합니다.

  - 하루 소득이 얼마인지와 관계없이, 임금, 수당 등 명칭과 관계없이, 일을 했으나 임금을 받지 못한 경우에도 근로사실 필수 신고

  - **(예시)** 번역 수당, 회의 수당, 다단계판매원 수당, 수수료, 배달 라이더 수당, 대리기사, 프리랜서 활동 소득, 강사료, 인스타그램. 블로그. 유튜브 등 인터넷 활동 매개 수익 등

  - 사업장 내규에 따라 포상금, 축하금, 실비 지급, 명목 등의 금품을 지급한 내역도 소득으로 신고하는 곳도 있으므로 실업 인정 신청 시 이러한 소득이 발생하였음을 반드시 신고

〈근로사실/소득발생내역 신고 예시〉

● 고용보험법 시행규칙 [별지 제82호 서식] <개정 2021. 7. 1>

실업 인정(국민연금 가입 기간 추가 산입)신청서

* 3쪽의 작성 방법을 읽고 1쪽 및 2쪽 모두 작성 바라며 [ ]에 해당되는 곳에 V표를 합니다(3쪽 중 1쪽)

접수번호		접수일시	처리기간 5일

신청인 (수급자격자)	①성명		②주민등록번호
	③주소		
	[휴대전화(없는 경우 전화번호):]		

⑦실업 인정 대상기간 중의 취업사실 등 확인	근로사실 및 소득발생	없음 [ ]	
		있음 [V]	근로 또는 소득내용 [A마트 판촉행사 일용근로] 근로날짜 [1월3일, 1월4일, 1월6일, 1월7일] 소득금액 [40만 원/하루 10만 원] 소득예정금액 [아직 입금되지 않은 경우)40만원(하루 10만 원 예정]
	사업자 등록 (자영업 개시)	[ ] 없음 [ ] 있음 (등록일/시작일): 사업내용)	
	산재 휴업급여	[ ] 없음 [ ] 있음 (수급기간:)	

소득 확인을 위한 국가기관과의 정보연계가 강화됩니다!

• 수급자가 신고하지 않은 근로 내역, 소득 발생 등을 적발하기 위해 국세청, 4대 보험 전산시스템 등과 정보 연계를 강화함

　- 빅데이터 시스템을 구축하여 다양한 부정수급 의심 징후에 대해 상시 모니터링을 실시하고 있습니다.

　- 특히 사업주가 세금 신고시 국세청에 일용근로자의 소득을 신고하는 과정에서 실업급여 부정수급으로 적발되는 경우가 많으니, **실업인정일에 근로 및 소득 발생 사실을 반드시 신고하시기 바랍니다.**

⓯ 구직급여 수급 중 취업하였다면?

• 취업을 축하드립니다!!

• **취업 또는 사업을 시작한 수급자**는 근로계약서나 재직증명서, 사업자 등록증 등의 취, 창업일이 확인되는 자료를 첨부하여 **취업한 날로부터 2개월 이내**에 방문, 인터넷 또는 팩스로 **취업 사실을 신고**하면 취업 전날까지의 구직급여를 받을 수 있습니다.

(신청 기간이 지날 경우 소멸)

• (유의) 실업인정일에 취업하였거나, 취업한 이후 최초 도래하는 실업 인정일에는 **실업 인정 신청이 아니라 [취업사실 신고] 메뉴에서 취업을 신고**하여야 합니다!

• 만약 취업한 날을 포함하여 실업인정을 신청하는 경우 취업사실 미신고 사유로 부정 수급 의심 대상이 됩니다.

　- 취업 신고 시점에 재취업사업장에서의 고용보험이 취득되어 있다면 별도의 증빙서류를 제출하지 않아도 됩니다.

⓰ 재취업하였으나 바로 퇴사하여 아직 소정급여일수가 남아 있다면 실업급여를 마저 받을 수 있나요?

• 구직급여 수급 중 재취업하였다고 새로운 수급요건(180일 이상 근무)을 충족하지 못한 상태에서 다시 퇴사하였습니다.

　- 당초 수급기간이 만료되지 않았다면 남아있는 실업급여를 받을 수 있습니다.

　- 다만 **이직한 다음 날부터 7일 이내에 고용센터에 방문(온라인 신청 불가)하여 '재실업 신고'를 해야** 남아있는 수급기간에 한해 구직급여를 받을 수 있으며 **신고가 지연되면 그만큼 소정급여일수가 소멸**하니 유의하세요.

재 실업 신고 시점		실업 인정 재시작일
이직 다음 날부터 7일 이내	→	이직 다음 날 기준
이직 다음 날부터 7일 초과	→	재 실업 신고일 기준

　- 재 실업 신고를 하더라도 **취업했던 기간에 대한 구직급여는 부지급**

　- 이직 사실 확인을 위해 **증빙자료를 요청**할 수 있습니다.

- 이직일 다음 날부터 **7일째 되는 날이 공휴일 등에 해당하여 휴무일인 경우에도 7일 일수에 포함**되니 이직 후 즉시 재 실업을 신고하여야 합니다.

⑰ 다른 사람이 실업 인정을 대신 신청할 수 있나요?

• 실업 인정은 신분증과 취업 희망 카드를 지참한 수급자 본인이 고용센터에 방문하여 직접 신청하거나 온라인 또는 모바일로 직접 신청해야 하며, 타인이 대신 작성하여 신청하는 경우 실업급여 부정수급에 해당합니다.

⑱ 온라인 실업인정 신청자인데, 오후 5시까지 인터넷으로 실업인정 신청서를 전송하지 못했다면?

• 인터넷 실업 인정 신청은 실업 인정 당일 자정부터 17까지 가능하며, 17시까지 전송하지 못한 경우에는 **당일 18시까지 고용센터에 출석**하여 실업 인정을 신청해야 합니다.

• 당일 고용센터에 출석하지 못했다면 **실업인정일 당일로부터 14일 이내에 고용센터에 출석**하여 날짜를 변경할 수 있습니다.

- 다만, 날짜 착각 등 **착오**로 인한 **실업인정일 변경은 전체 수급기간 중 1회만 가능**하니 유의하시기를 바랍니다.

⑲ 구직급여 수급 중 해외로 출국할 수 있나요?

- 해당 실업인정대상기간 중에는 **단기간의 해외 체류**만 가능합니다.

- 해외에 체류하면서 온라인으로 실업 인정을 신청하는 것은 불가합니다.

- 실업인정일 당일에 **해외에 체류**하면서 IP를 우회하여 실업 인정을 신청하거나 국내에 체류 중인 가족, 지인이 대신 실업인정을 신청하는 행위 등은 실업급여 부정수급에 해당하며, 추후 출입국 사실조회를 통해 부정수급으로 확인되면 기존에 지급된 구직급여를 환수하고 추가징수 등의 처분을 받을 수 있습니다.

⑳ 해외에서 재취업 활동을 하고, 온라인으로 실업 인정을 신청할 수 있나요?

- 해외 체류중 실업 인정 신청은 불가합니다. '17년부터 예외적으로 **해외 취업을 목적으로** 담당자에게 **출국 전에 해외 취업 활동계획서를 제출하고 사전 승인을 받은 경우에만 허용**하고 있습니다. 취업이 주된 목적이 아니 사유로 해외에 체류하면서 실업급여를 받는 것은 부정 수급입니다.

- 어학연수, 여행, 해외 자원봉사, 가족들과의 동거, 워킹 홀리데이 등의 목적으로 인한 출국은 해외 취업 목적으로 보지 않습니다.

(!) 배우자 국외 발령 등에 따른 동반 출국은 수급기간 연기 제도를 활용하세요.

• 해외에서의 재취업 활동은 대면 면접 등 해외 현지에서 수행하지 않으면 안 되는 불가피한 활동에 한정해서 인정하며, 해외 구인기업 인사담당자의 면접확인서 등을 증빙자료로 제출해야 합니다.

- 국내에서도 할 수 있는 해외 취업 포털사이트에서의 온라인 입사 지원이나, 온라인 특강 수강 등의 구직 외 활동은 인정하지 않습니다.

- 만약 출석해야 하는 실업인정일 회차에 면접일정으로 출국해야 하는 경우, 면접통보서, 면접확인서 등을 근거로 **실업인정일의 변경 신청이 가능하며, 관련 내용은 담당자와 상담 필요**

- 사회 통념상 구직기간이라고 볼 수 없을 정도로 해외 체류 기간이 길거나, 재취업 활동의 증빙서류가 허위로 의심되는 등 취업을 목적으로 해외에 체류한다고 보기 어려운 경우에는 **구직급여를 부지급합니다.**

㉑ 취업특강. 집단상담, 직업심리검사, 봉사활동, 일용근로 한 날은 해당 실업인정대상 기간 중 재취업활동으로 어떻게 인정되나요?

- 단기 취업특강: 재취업 활동 **1회**로 인정
- 단, 취업특강과 온라인 취업특강(STEP 포함) 은 모두 합하여 **전체 수급기간에서 총 3회까지만 수강 가능**
- 단기, 장기 집단상담프로그램: 재취업 활동 **1회**로 인정
- 직업심리검사, 심리 안정 프로그램 참여: 재취업 활동 **1회**
  * 단, 직업심리검사는 전체 수급기간에서 1회까지만 재취업 활동으로 인정
- 사회봉사 활동: 만 **60세 이상 및 장애인 수급자만 가능**
- 고용센터 담당자가 지시한 봉사활동, 1365(자원봉사센터)를 통한 활동이 1회당 4시간 이상이면 재취업 활동으로 1회 인정(단순 물품 기부, 헌혈은 불인정)
- 일용근로자로 수급 자격을 인정받은 수급자(단기예술인, 단기 노무 제공자 포함)가 **1일 일용근로**를 하면 **2주간 1회 재취업 활동**으로 **2일 일용근로**를 하면 **4주간 2회 재취업 활동**으로 인정합니다.
- **다만 근로제공일은 취업으로 보아 구직급여가 지급되지 않습니다.**

㉒-1 구직급여 수급 중인데 수급내역에 이의가 있어요.

- **수급 자격증을 받은 날부터 90일 이내에** 원 처분청을 경유하여 고용보험 심사관에게 심사를 청구하시기를 바랍니다.

㉒-2 수급 중 소정급여일수와 평균임금이 정정된 경우 구직급여는 어떻게 되나요?

- **이직확인서 내용이 정정되어** 이전보다 구직급여일액이 많아지거나 소정 급여 일수가 늘어났다면 기존 수급 자격에 따라 받지 못한 금액 또는 일 수만큼 추가지급이 가능하며, 이미 수급기간이 만료된 경우에도 추가로 지급받을 수 있습니다.

㉓ 고용센터의 수급 자격 불인정, 실업급여 부지급, 부정수급 처분에 이의가 있다면?

- 수급 자격 불인정 처분이나 실업 불인정 처분, 실업급여(구직급여, 취업 촉진 수당) 부지급 또는 부정수급 처분에 이의가 있을 경우, **해당 처분이 있음을 안 날로부터 90일 이내에 고용보험 심사관실에** 심사를 청구할 수 있습니다.
- 심사를 청구할 때는 해당 처분을 한 고용센터(또는 고용노동지청)에 심사청구서와 증빙자료를 제출하면, 고용센터에서 의견서를 첨부하여 고용보험 심사관실에 제출합니다.
- 심사를 청구하였으나 기각 결정된 경우, **기각 결정이 있음을 안 날로부터 90일 이내에 고용 보험심사위원회에 재심사를** 청구할 수 있습니다.

- 고용보험심사위원회에서도 기각하는 경우 **행정소송**을 제기할 수 있으며, 심사나 재심사 청구를 거치지 않고 행정소송을 제기하는 것도 가능합니다.

㉔ 구직급여 수급 중에 다치거나 아프게 돼서 재취업활동이 불가능한 경우에도 실업인정을 받을 수 있나요?

- 수급자격 신청 당시에는 근로 의사와 능력이 있었으나 **수급 중 7일 이상의 질병, 부상, 출산** 등으로 근로 능력이 없어진 경우에는 실업으로 인정하지 않아 구직급여는 지급하지 않아 구직급여는 지급하지 않지만, 근로자를 보호하는 차원에서 **구직급여에 갈음하여 상병급여를 지급합니다.**

- 수급중 새롭게 발병한 질병이나 부상, 출산에 대해서만 상병급여 지급이 가능하므로 **수급자격 신청 전의 질병, 부상, 출산으로 재취업이 어려운 경우에는 수급기간 연기 제도**를 활용하세요.

- 상병급여는 구직급여 대신 지급되므로 구직급여일액과 같으며, 지급되지 않은 **구직급여 소정급여일수를 한도**로 지급합니다.

- 상병급여는 **상병이 치유된 이후 14일 이내에 청구**합니다(대리인 가능)

- 다만, 상병이 장기화되어 수급기간이 만료된 경우에는 수급 만료 후 30일 이내에 청구

- 천재지변 등 부득이한 사유가 있는 경우에는 그 사유가 종료된 날로부터 7일 이내에 청구

- 출산한 경우 **출산 후 45일이 경과한 날 이후 14일** 이내에 청구

- 상병이 정기화되어 실업인정 대상기간 중 재취업이 지속해서 곤란하다면 고용센터 실업인정 담당자와 상의하여 2주 또는 1개월 단위로 상병급여 지급일을 지정 가능

- 상병급여 청구 시 제출서류

① 상병급여 청구서

② 질병, 부상에 관한 증명서: 상병의 상태와 명칭, 초진 및 완치일 확인 가능한 진단서나 소견서

③ 출산 관련 증명서

- 상병급여는 「근로기준법」 제79조에 따른 휴업보상, 「산업재해 보상보험법」에 따른 산재 휴업급여, 「국가 배상법」에 따른 휴업 배상, 「의사상자 등 예우 및 지원에 관한 법률」에 따른 보상금과는 중복으로 지급되지 않습니다.

㉕ 수급기간 만료 전에 수급자가 사망한 경우, 남아있는 실업급여를 받을 수 있나요?

- 수급자가 수급기간 만료 전에 재취업 활동을 수행하는 등 지급 요건을 충족하였으나 신청 전 사망하여 아직 받지 못한 실업급여가 있는 경우 **고인이 생전에 재취업 활동(또는 조기 재취업 수당은 12개월 이상 근속 등) 증빙자료가 있는 경우**에 한해 유족의 우선순위에 따라 미지급 실업급여를 청구할 수 있습니다.

- 유족의 우선순위: 수급자의 배우자(사실상 혼인 관계 포함) → 자녀 → 부모 → 손자녀 → 조부모 또는 형제자매로서 수급자와 생계를 같이 하고 있던 사람 순

㉖ 통장이 모두 압류되었는데 실업급여를 받을 수 있나요?

- 신용불량 등의 사유로 계좌가 모두 압류된 수급자는→①**신분증**과 ②**수급 자격증(취업 희망 카드)**을 들고 가까운 **우리은행**이나 **농협**(중앙회, 단위농협 모두 가능)에 방문하면 실업급여가 압류되지 않는 **실업급여 지킴이 통장을 발급받을 수 있습니다.**

- 실업급여 지킴이 통장은 입금, 출금용으로만 사용할 수 있으며, 개인적 용도의 입금은 되지 않습니다.

㉗ 구직급여는 언제 지급되나요?

- 통상 실업인정일의 다음 날인 은행 영업일(평일)에 입금되며 최대 5일 이내는 지급되니 걱정 마세요. 최대한 신속히 지급하려고 하지만 전산시스템 오류 등으로 지체되는 경우가 발생할 수 있으니 양해 부탁드립니다.

- 1차 실업인정일에는 건설 일용근로자는 별도의 대기기간이 없이 **15일분**, 그 외 수급자는 **8일분**이 지급됩니다.

㉘ 가(假) 인정자는 무엇이며, 왜 입금이 안 되나요?

- 예외적으로 **가(임시) 인정자**이신 분들은 입금이 늦어질 수 있습니다. 회사에서 아직 **이직확인서**를 관할 고용센터로 보내지 않았거나, 이직확인서 관할 고용센터에서 수급자격 신청한 고용센터로 전송 처리 중인 경우에는 처리 완료될 때까지 (임시)인정자로 처리합니다.

* 일용근로자의 경우 마지막 달에 근로한 내역에 대해 일용근로 신고가 늦어지면 수급 자격 처리도 늦어질 수 있습니다.

- **가(임시) 인정상태인 수급자는 모든 서류가 처리된 이후 수급자격이 인정되면 입금되니 걱정 마세요.** 만약 본인이 가(임시) 인정자인 경우, 먼저 퇴사한 회사에 연락하여 관할 지역 고용센터에서 이직확인서를 제출하였는지 확인하고, 회사가 보냈다면 1~2주일 이내에 처리되니 기다려 주세요. 만약 2주 넘게 수급자격 처리가 지연되는 경우 관할 고용센터 담당자에게 문의해 주세요.

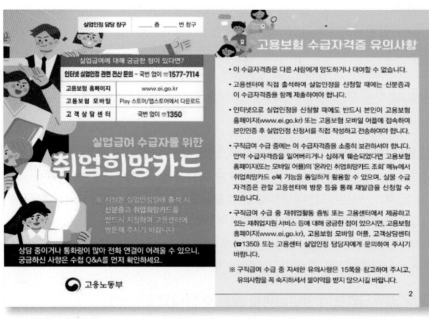

고용보험 화면 캡처

참고문헌

📚 참고문헌

저자	역자	제목	출판사	연도
경기도가족여성연구원		은퇴부부 가족관계와 지원방안 정책보고서		2015
경기인재 포털 인투인		천기누설 취업에 성공한 사람들의 자기소개서	경기중소기업종합지원센터	2011
B사 전직지원 매뉴얼				2023
A사 생애설계서비스				2023
D 기업 홈페이지				2024
TRIDENT Reference Publishing	전세일 옮김	스트레스	아카데미아	2007
교육부		NCS 학습모듈 전직 초기 면담 (0702010327_20v1)	www.ncs.go.kr/unity/th03/ncsResultSearch.do	2020
교육부		NCS 학습모듈 직업정보 수집 (LM0702010167_20v2)	www.ncs.go.kr/unity/th03/ncsResultSearch.do	2020
교육부		NCS 학습모듈 직업훈련 상담 (LM0702010162_20v1)	www.ncs.go.kr/unity/th03/ncsResultSearch.do	2020
교육부		NCS 학습모듈 취업상담 (LM0702010155_20v3)	www.ncs.go.kr/unity/th03/ncsResultSearch.do	2020
김금순 외		스트레스와 긴장 다스리기	아카데미아	2021
김대규 외		취업과 창업 알아보기	양성원	2021
김동구		연세대학교 평생교육원 스트레스 관리전문가 교육프로그램		2021
김보경, 곽상인		성공적인 취업과 자기역량 강화	한올	2021
김정택, 심혜숙		16가지 성격유형 특성	어세스타	2013
김종우		한의학적 정신요법을 기반으로 한 스트레스 완화 프로그램	학지사	2006
김진희		에니어그램	평단	2016
김창환		경영지도사 중소기업관련 법령	(주) 북랩	2021
나카지마 다카시	정성호 옮김	최고의 인맥만들기	현대미디어	2004
노사발전재단		재취업지원서비스 운영가이드 라인		2023
대한노화방지의학회		노화방지의학	군자출판사	2011
교보생명, 시니어파트너즈		대한민국 시니어 리포트	교보문고	2014
데일카네기	박선영 옮김	인간관계론	상상스퀘어	2024
돈 리차드 리소, 러스 허드슨	주혜명 옮김	에니어 그램의 지혜	한문화	2009
리드호프만, 벤 케스노차	차백만 옮김	어떻게 나를 최고로 만드는가	(주)알에이치코리아	2012
리차드 볼스	조병주 옮김	파 라슈트	한국경제신문	2016
린다 크래튼	조성숙 옮김	일의 미래	생각연구소	2014
로버트 새폴스크	이재닝, 이지윤옮김	STRESS	사이언스 북스	2009
마이클 로이젠 · 메멜 오즈	유태우 옮김	내 몸 사용설명서	김영사	2007
마이클 로이젠 · 메멜 오즈	유태우 옮김	내 몸 젊게 만들기	김영사	2009
마틴 셀리그만	김인자 옮김	긍정 심리학	도서출판 물푸레	2011
메조미디어		젊게 사는 시니어, YOLD 세대 리포트(8월12일)	https://www.mezzomedia.co.kr/	2022
문화체육관광부		2022 국민여가활동조사보고서		2022
미래에셋투자와 연금센타		은퇴 리포트 24호(1월11일)		2016
변광호, 장현갑		스트레스와 심신의학	학지사	2005
백지연		경력개발 전략 이론과 실제	학지사	2021
볼트 에디티지	조훈 옮김	더 볼트 칼리지 커리어 바이블	3mecca.com	2009
삼성생명은퇴연구소 우재룡. 민주영		오늘부터 준비하는 행복한 100년 플랜	부크온	2012
삼성전자		New Start, New Life 전직실행 프로그램	삼성전자 경력컨설팅센타	2015
서현주 외		취업지원서비스 제공을 위한 취업상담 매뉴얼		2019
송양민 · 우재룡		100세 시대 은퇴 대사전	21세기 북스	2014
쉬센장	하정희옮김	하버드 첫 강의 시간관리 수업	리드리드출판	2020
신용보증기금		창업 가이드북	신용보증기금 기업지원부	2015
신현만		회사가 붙잡는 사람들의 1% 비밀	위즈덤하우스	2009
아트 마크면	박상진 옮김	커리어 하이어	진성북스	2020
유규창, 이혜정		적재적소 HR	PlanB DESIGN	2021
유순희		황혼이혼 결정과정에 관한 연구: 근거이론 중심으로	울산대학교 박사학위 논문	2017
이래학		2023년 대한민국 산업지도	경이로움	2023
이우곤, 최지은		직업상담사의 직업 찾기	시대인	2018
전홍택 외 6인		100세 시대: 어떻게 행복하게 살 것인가?	경제인문사회연구원	2011
정기석		귀농의 대전환	들녘	2011
조윤제		하루 한장 고전 수업	비즈니스 북스	2022
조윤주		생애설계 프로젝트	커리어밸류	2018
중소기업청, (사)한국창업보육협회		기술창업 가이드	(사)한국창업경영컨설팅협회	2015
최성재		생애설계와 시간관리	서울대학교 출판문화원	2020
최일수 외		NCS 기반의 취업 및 창업 전략	도서출판 청람	2019
탈 밴 사하르	노혜숙 옮김	해피어	위즈덤하우스	2018
통계청		경제활동인구조사 고령층 부가조사		2023
통계청		생명표, 국가승인통계 제101035호		2023
통계청		2021년 사망원인 통계		2022
통계청		경제활동 인구조사		2021.05
통계청		귀농어 · 귀촌인 통계		2023.06
통계청		2022년 통계로 보는 1인 가구		2022

저자	제목	출판사	연도
통계청	2022년 혼인이혼 통계		2022
통계청	경제활동 인구조사 고령층 부가조사 보도자료		2023
한국경력개발 진흥원	커리어 컨설턴트 양성과정 교육프로그램(2권)		2014
한국고용정보원	신중년(5060) 경력설계 안내서		2019
한국고용정보원	신중년 경력개발 상담자를 위한 역량 강화서		2018
한국고용정보원	직업 선택 및 취업계획 수립에 관한 직업상담 매뉴얼		2018
한국고용정보원 & 한국산업기술진흥원	2023년 하반기 주요 업종의 일자리 전망 보도자료		2023
한국보건사회연구원	2022년 한국복지패널조사분석보고서		2023
한국산업인력공단	국가직무능력표준 표준 및 활용패키지	Jinhan M&B	2015
한국표준협회은퇴연구회	직업상담서비스(전직지원)		
한국표준협회은퇴연구회	한국표준협회은퇴연구회(2018)『재무·건강·여가관리』	㈜박문각 출판	2018
한근태 외	면접관을 위한 면접의 기술	미래의 창	2021
홍영자	의사소통의 심리학	학지사	2007
황은희	중장년 퇴직 이후 길라잡이	전경련 중소기업혁신센타	2015
브라보 마이 라이프 카드뉴스	은퇴 후 노후자금 얼마가 필요한가?	https://bravo.etoday.co.kr/view/atc_view/14216	2023.07.03
서울경제 기사	'진지한 여가'의 중요성	sedaily.com/NewsView/1HNW80QUAP	2013.04.17
네이버 블로그	풍경소리	https://blog.naver.com/PostView.nhn?blogId=ok8614&logNo=50118971468	

사이트

저자	제목
NH 투자증권 100세 연구소	www.nhqv.com/index.jsp
SENIOR & PARTNERS	Senior & Partners Inc. (seniornpartners.com)
고용보험 화면 캡처	www.ei.go.kr
국가정보법령센타	www.law.go.kr
국가직무능력표준>직업기초능력표준>NCS 대인관계능력	www.ncs.go.kr/th03/TH0302List.do?dirSeq=126
국가직무능력표준>직업기초능력표준>NCS 의사소통 능력	www.ncs.go.kr/th03/TH0302List.do?dirSeq=121
국민건강보험	www.nhis.or.kr
국민연금 관리공단	www.nps.or.kr
국세청	www.nts.go.kr
금융감독원 전자공시시스템 화면 캡처	dart.fss.or.kr
금융감독원 통합연금포털	www.fss.or.kr
네이버 백과사전	terms.naver.com
네이버 홈페이지 화면 캡처	www.naver.com
대한상공회의소 화면 캡처	www.korcham.net
두산백과	terms.naver.com/entry.naver?docId=1058524&cid=40942&categoryId=32824
민간자격정보서비스 홈페이지 화면 캡처	www.pqi.or.kr/
서울특별시 중부기술교육원 홈페이지화면 캡처	www.jbedu.or.kr/
서울시 50플러스 포털	www.50plus.or.kr
중소기업 현황정보 시스템	sminfo.mss.go.kr/cm/sv/CSV001R0.do
연세대학교 심리상담센터 홈페이지	counsel.yonsei.ac.kr/ysclinic/inspection/stress.do
워크넷	www.work.go.kr
잡 815 사이트 홈페이지 화면 캡처	www.job815.com/
잡코리아	www.jobkorea.co.kr
중견기업 일자리 박람회 화면 캡처	www.fome-jobfair.com/main/main.php
중앙노후준비지원센타 여가활동진단	csa.nps.or.kr/self/leisure.do
직업훈련포탈 화면 캡처	www.hrd.go.kr
참좋은 동행 일자리 박람회 화면 캡처	www.ibkonejob.co.kr/eme/acc/expoMain.do
한국고용정보원 홈페이지 화면 캡처	www.keis.or.kr/
한국노인인력개발원	www.kordi.or.kr
한국산업인력공단 자격 포털망	www.q-net.or.kr/
한국직업능력연구원 홈페이지 화면 캡처	www.krivet.re.kr/
한국직업상담협회 홈페이지 화면 캡처	www.kvoca.org/
한국폴리텍대학교 정수캠퍼스 화면 캡처	www.kopo.ac.kr/

스마트폰 강사 자격증

국내 최초!
국내 최고!

스마트폰 활용지도사 1급

● 해당 등급의 직무내용

초/중/고/대학생 및 성인 남녀노소 누구에게나 스마트폰
활용교육 및 SNS 기본 교육을 실시할 수 있습니다.
개인 및 소기업이 브랜딩 전략을 구축하는 데 있어 저렴한
비용을 들여 브랜딩 및 모바일 마케팅 전략을 구축할
수 있도록 필요한 교육을 할 수 있습니다.

스마트폰 활용지도사 2급

● 해당 등급의 직무내용

시니어 실버분들에게 스마트는 활용교육을 실시할 수 있습
니다. 개인 및 소기업이 모바일 마케팅 전략을 구축하는
데 있어 기본적인 교육을 할 수 있습니다. 1인 기업 및
소기업이 스마트워크 시스템을 구축하는 데 제반 사항을
교육할 수 있습니다.

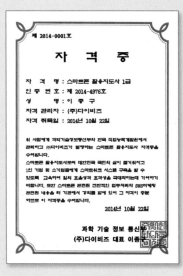

시험 응시료 : 3만원
자격증 발급비 : 7만원

• 일반 플라스틱 자격증
• 종이 자격증 및 우단 케이스 제공
• 스마트폰 활용지도사 강의자료
  제공비 포함

• **시험 일시** : 매월 둘째 주, 넷째 주 일요일 5시부터 6시까지 1시간
• **시험 과목** : 2급 – 스마트폰 활용 분야 / 1급 – 스마트폰 SNS마케팅
• **합격점수**
  1급 – 80점 이상 (총 50문제 각 2점씩, 100점 만점에 80점 이상)
  2급 – 80점 이상 (총 50문제 각 2점씩, 100점 만점에 80점 이상)

시험대비 공부방법

❶ 스마트폰 활용지도사 2급 교재 구입 후 공부하기
❷ 정규수업 참여해서 공부하기
❸ 네이버에서 [디씨플] 사이트 검색 후 상단 [자격증 강좌]에서 수강하기

시험대비 교육일정

❶ 매월 정규 교육을 SNS소통연구소 전국 지부에서 실시하고 있습니다.
❷ 스마트폰 활용지도사 SNS소통연구소 블로그
  (blog.naver.com/urisesang71) 참고하기
❸ 디지털콘텐츠 e-러닝 평생교육원 사이트 참조(dcgplatform.com)
❹ NAVER 검색창에 (SNS소통연구소)라고 검색하세요!

스마트폰 활용지도사 자격증 취득 시 혜택

❶ 디지털콘텐츠평생교육원 스마트폰 활용 교육 강사 위촉
❷ SNS소통연구소 스마트폰 활용 교육 강사 위촉
❸ 스마트 소통 봉사단에서 교육받을 수 있는 자격부여
❹ SNS 및 스마트폰 관련 자료 공유
❺ 매월 1회 세미나 참여 (정보공유가 목적)
❻ 향후 일정 수준이 도달하면 기업제 및 단체 출강 가능
❼ 그 외 다양한 혜택 수여

어르신들을 위한 스마트폰 기초 교실(개정판)
스마트폰 기초부터 기본 UCC 활용 책

SNS마케팅 교육 전문가 양성 과정 책
스마트폰 활용지도사 1급 교재

UCC제작과 유튜브크리에이터
양성을 위한 책
유튜브크리에이터전문지도사 2급 교재

스마트한 강사를 위한 길라잡이
프리젠테이션전문지도사 2급 교재
컴퓨터활용전문지도사 2급 교재

재취업의 성공과 비공개 채용시장 재취업 가이드 🔍

퇴사하고 싶을 때 읽는
이직과 전직의 모든 것

발행일	2025년 3월 28일
발행인	이종구
편저자	이선협
펴낸 곳	(주)디지털콘텐츠그룹
주소	서울특별시 종로구 대학로12길 63 석마빌딩 3층
출판등록	2023년 8월 25일(제 2023-000094호)
홈페이지	**디지털콘텐츠그룹** ｜ www.digitalcontentgroup.com
	SNS소통연구소 ｜ blog.naver.com/urisesang71
	디지털콘텐츠플랫폼 ｜ www.dcgplatform.com
책 문의	02-747-3265 / 010-9967-6654
팩스	0504-249-6654
이메일	snsforyou@gmail.com
디자인	김인란

ISBN 979-11-94642-08-4(13320)
값 20,000원